中華書局

疫變

透視新冠病毒下之
危　機　管　治

U0106601

張炳良 著

本書獻給在新冠病毒大流行中，
於不同崗位、
為抗疫努力不懈的醫衛專業和前線人員、
廣大的公務人員及各行各業服務提供者；
也悼念因感染新冠病毒而不幸去世的人士。

目錄

引言

第一章
二十一世紀公共管治乃危機管治

　　新冠狀肺炎病毒可說是二十一世紀以來至嚴重、堪稱災難性的大流行病疫。本書定稿於 2022 年 8 月底，當時全球確診病例按各國匯報統計近 6.03 億宗，死亡個案逾 649 萬宗。上述數字或屬低估。世界衛生組織（世衛組織）曾於 2022 年 5 月初宣佈，按其最新估計，單是 2020 和 2021 兩年內新冠已導致近 1,500 萬人額外死亡，比各國官方報告總數的 540 萬人多出接近兩倍，[1] 當時《經濟學人》（*The Economist*）的模型更估測高達 1,800 萬人。世衛組織的專家表示，大部分死者死於冠毒，但也有其他病患者（如心臟病）因醫護系統受新冠疫情影響致未及時獲救治而去世。

　　新冠病毒帶來的不只是一場公共衛生（公衛）安全上的災難，更是一系列對經濟商貿、就業民生、教育文化、社會生活、公共行政、公共服務、國際往來，以至民情和政治上的連鎖衝擊，打擊面之大，前所未見；而且疫情經歷幾波起伏、病毒變種持續，傳染擴散仍然不止，未見終極。從公共管治的角度言，「危機」已成為新常態。以世界扁平論知名的美國普利茲新聞獎三屆獲獎者佛里曼（Thomas Friedman），於 2020 年初新冠初發時在《紐約時報》（*The New York Times*）聲言，世界從此不再一樣，大疫標誌歷史的新轉捩點，構成「新冠前」（Before Coronavirus, BC）vs「新冠後」（After Coronavirus, AC）之別。還有一點諷刺性的是，全球化既大大方便了人流、物流、資金流和信息流，也促成像新冠般病毒的全球性快速散播，讓危機也全球化。二十一世紀的大瘟疫跟以前的已不再一樣。

1　世界衛生組織於 2022 年 5 月初最新估計數顯示，2020 年 1 月 1 日至 2021 年 12 月 31 日期間，與新冠狀肺炎病毒大流行直接或間接相關的全部死亡（稱為「超額死亡」）約為 1,490 萬例（範圍為 1,330 萬例至 1,660 萬例）。

當然，不同國家和地區處理疫情的策略和方法，既受其本國本土「國情」和制度傳統因素所影響，也吸收了他國經驗，如「封城」之舉由早期的不可能之想像，後來成為各國紛紛採用的防疫措施，乃一顯例。「封城」（lockdown）是一般統稱，不一定是全個城市，也包括對指定大小地區的全面或局部性的封鎖禁足，以及帶有封城特色的嚴厲限制措施包括戒嚴，各地正式名堂不一。疫情不單考驗各國各地的防疫抗疫手段成效，更是對其危機處理、管治思維、政府能量和政治領導能力的一次大考。

公衛及安全危機，往往暴露治理缺陷、制度盲點、低估風險、後知後覺，易招重大民怨，造成嚴重的政治後果。人們記憶猶新，2003 年香港 SARS（「沙士」）病疫加上當時經濟衰退及反 23 條立法之群情，造成併發式的政治風暴，其後行政長官董建華於 2005 年 3 月以「腳痛」為由辭職。「沙士」（中國內地稱「非典型肺炎」，簡稱「非典」）也令時任國家衛生部部長張文康和北京市長孟學農兩人問責下台。2005 年美國卡特里娜颶風（Hurricane Katrina）、2009 年台灣莫拉克風災（又稱「八八水災」），以及 2019 至 2020 年澳洲延續近半年的叢林大火（「黑色夏天」災難），皆成為當地的重要政治轉捩點。

所以，抗疫之戰，對危機管治之道，具有莫大的啟示及結構性和深層性的意義，對社會生活和政治變化影響深遠，此乃本書探究的主軸。2021 年一本有關新冠大流行的專書便以「餘震」（Aftershocks）為名，去形容新冠對政治和國際秩序的衝擊。[2] 至於新冠病毒的來源，仍有待傳染病學及微生物學專家認真研究，它的爆發或許偶然，但人類社會爆發病疫，已屬必然，且隨着交通發達、邊界開放、人流物流頻繁，全球化也帶來任何傳染病毒迅速跨境擴散，無一國家或城市可以真正「免疫」。新冠病毒因屬無症狀、變種快，所以傳播更易更廣。對新冠疫變的認知和解構，宜立足於起碼三個基本點。

第一個基本點是，人類社會已進入「風險社會」狀態，並應以此為

2　Colin Karl and Thomas Wright, *Aftershocks: Pandemic Politics and the End of the Old International Order*, New York: St. Martin's Press, 2021.

常態。上世紀自 1979 年 3 月美國發生三里島核洩漏事故（Three Mile Island accident）及 1986 年 4 月前蘇聯切爾諾貝爾（Chernobyl）（今位於烏克蘭）發生核電廠爆炸事故，世人開始擔心核科技帶來的重大風險；2011 年日本「311」大地震及海嘯不僅是該國二戰以來最嚴重的天災，而且引發福島核電廠洩漏災害，是切爾諾貝爾核災以來全球最嚴重的核洩漏事故。早於上世紀八十年代後期，德國社會學家貝克（Ulrich Beck）已著書警告「風險社會」（risk society）年代的到臨，指出風險社會的特點，是除了面對天然災害（包括氣象災害和病疫）外，還須應對種種人為風險和災難（human made, manufactured）。[3] 源自天然的風險，也可因人類社會的一些作為或不作為，或介入不當，而加劇成為更嚴重的綜合性災難。

第二個基本點是，伴隨人類社會的全球化和高科技化，風險也藉全球化及高科技而擴散，人類的成功諷刺地助長了病毒的進化。二十一世紀至今已經歷多次全球性危機（除大病疫外，也包括氣候變化、金融風暴），以及高科技（High-tech）風險（如網絡詐騙、虛擬貨幣、網絡恐怖等）。這些新時代的風險，與人類在高科技下全球貫通及進入網絡世界的新生活形態息息相關，風險之源似已植入人類的社會和行為基因，變成「進步」與「風險」並存共生、驅之不去，惟有視風險為新常態，需不斷提高安全意識，做好制度性和行為性的風險管理。

第三個基本點是，對全球化及其政治經濟含義要加深了解。二十一世紀經常被稱為全球一體化的世紀。全球化（globalization）的論述，無論是學理性分析，還是民間通俗性表述，均蘊含兩個層次，一是全球性，二是一體化。在互聯網資訊普及和國際出行快速便捷的推動下，全球性意指傳統的國土地域邊界已被打破，世界各地朝向單一地球村的大同邁進，正如前述佛里曼 2005 年暢銷書所形容，「世界已經扁平」（The world is flat）。[4] 全球化的政治經濟學和文化含義，見於一體化，意指各國各地皆高度融入同一「全球」（或曰「普世」）的政治秩序和經濟金融秩序，以及支撐如此秩

3　Ulrich Beck, *Risk Society: Towards a New Modernity*, London: SAGE, 1992.

4　Thomas Friedman, *The World is Flat*, New York: Farrar, Straus and Giroux, 2005.

序的國際組織和文化價值體系，而這些在二戰後逐步建立和鞏固的秩序體系乃以西方文明為基礎，主要受西方世界所主導和定義。這就是所謂「趨同」論（convergence）。

　　但現實歷史的世界不見得切合如此簡單甚或理想化的趨同表述。二戰後四十年的冷戰時期，以美國為首的資本主義世界與以前蘇聯為首的社會主義／共產主義世界，持續進行意識形態鬥爭、政治對壘及外交軍事衝突。上世紀九十年代初，蘇聯及其東歐附庸國體系（即「華沙公約」集團，相對於美國及西歐的「北大西洋公約」即北約集團）瓦解，美西有宣稱「歷史終結」，[5] 認定全球從此邁向自由民主的普世制度，世界秩序也以當時盛行的新自由主義意識形態和價值體系去重塑，被稱為「華盛頓共識」。所謂「規則為本的秩序」（rules-based order），其規則和背後的價值觀乃美西自二戰後建構的主流意識形態之伸延，批判者視作文化征服。不過，也存在亨廷頓（Samuel Huntington）的「文明之衝突」批判論述，[6] 認為宗教戰爭和意識形態對壘之後，不同文明之間的衝突已冒起成為爭鬥主線，2001 年「911」恐襲成為明證，乃西方與伊斯蘭衝突全球白熱化的標誌。

　　從歷史發展角度去看，在二十和二十一世紀轉角的全球化概念，與十九世紀以來的「現代化」（modernization）概念，其實一脈相承，兩者皆建基於以視為較優越的西方現代文明，去一統被視為較落後的東方和他地文明。十九世紀末日本的明治維新，其中一個改革口號便是「脫亞入歐」，而中國反封建革命也曾出現「全盤西化」的主張。科學與民主，大抵上代表了二十世紀西方文明所代表的現代化之路的物質文明和制度文明。今天，全球一體化也同樣標榜以美西發展經驗構建的經濟秩序和政治制度。若說上世紀九十年代蘇聯及東歐社會主義的崩解，以及隨後 1998 至 1999 年亞洲金融風暴帶來的「東亞經濟奇蹟」的挫折，乃美西主導的全球一體化步上巔峰的里程碑，那麼 2008 至 2009 年全球金融海嘯的爆發，乃

5　Francis Fukuyama, *The End of History and the Last Man*, New York: Free Press, 1992.

6　Samuel P. Huntington, "The Clash of Civilizations?", *Foreign Affairs*, Vol. 72, No. 3, Summer 1993, pp. 22 - 49; Samuel P. Huntington, *The Clash of Civilizations and the Remaking of World Order*, New York: Simon & Schuster, 1996.

打破美西新自由主義經濟神話的轉折點；之後西方經濟不振愈顯，中國以至亞洲（東亞、東盟和印度）經濟崛起，中國一躍而成可與美國平起平坐的全球第二大經濟體（與美國合稱 G2），從此改寫國際地緣政治。

一方面，西方國家經濟放緩、生產日益依賴中國、亞洲及其他發展中國家的供應鏈，致內部社會和階級矛盾惡化、反全球化浪潮澎湃，極右排外的民粹主義意識枱頭。另一方面，中國拒絕接受美國主導的全球化，且認為已找到符合自己國情、讓國家富強起來的另類發展模式（有稱之為中國模式及「北京共識」，對發展中及低發展國家尤具吸引力），並透過「一帶一路」及亞洲基建投資銀行等平台向外展示其新興力量，震撼西方世界。受此衝擊下，美西國家在國際層面愈把矛頭指向中國，視其經濟和科技崛起為衝擊西方文明及西方主導之國際秩序的重大威脅。

至此，全球化前期論述的樂觀已一掃而空。政治衝突、經濟矛盾波動漸成常態，世界雖是扁平卻不再和平共處。2022 年 2 月俄羅斯進軍烏克蘭，更使地緣政治進一步複雜化和對峙化，美國指揮的北約集團，實質上跟意圖復興其歐亞（Eurasian）核心地位的「大俄羅斯主義」，在烏克蘭進行一場代理人戰爭。在上述的全球大環境下，新冠病疫的危機不止於一場傳染病學上的挑戰，也與本土本國及國際的政治經濟和管治上的根本矛盾和所衍生的危機交集一起，更涉及國際勢力和話語權的角力，令抗疫之戰彷彿構成地緣政治的另一場競賽，甚至改寫全球秩序。[7] 唯有從這樣一個較宏觀、全球性廣度和深度去探究，才能較全面掌握新冠病疫帶來之「疫變」，亦即本書命名背後的思考。新冠疫變，對風險的全球化和危機管理作為公共管治的新常態挑戰，帶來跟以往不一樣的體會。[8]

人類社會並非首次受傳染病大流行（pandemic）所侵襲（上世紀初西班牙大流感時全球死去的人以千萬計），回應大疫之道不外乎作好計劃、具

7 Kurt Campbell and Rush Doshi, "The Coronavirus Could Reshape Global Order", *Foreign Affairs*, New York, 18 March 2020.

8 抗疫早期各國在公共管治上的回應和面對的挑戰，學術性分析可見：Paul Joyce, Fabienne Marin and Purshottama Sivanarain Reddy eds., *Good Public Governance in a Global Pandemic*, IIAS Public Governance Series, Vol. 1, Ed. 1, Brussels, 2020.

準備部署及開放信息溝通。[9] 從管理學角度言，風險管理（risk management）已成為企業管理和公共管理／管治的重要功能。雖然政府機關經歷如金融危機、病疫和自然災害後（海嘯、地震、叢林大火、風暴水災等），建立及不斷更新相關的危機處理機制及應對架構和流程，不過，每一場危機都不會是過去危機的簡單重複，危機也似傳染病毒，不斷變異，因此公共管治的思維應以風險管理為常務，如何做到處危不驚、轉危為機，在在反映政府的政治思考和治理能量。每一宗重大事故和災害，都成為對領導力、統籌力、動員力和執行力的一次考驗。危機後的改革，必會涉及整個公共體制改革的各方面。從新冠疫變的正反經驗，也可得出一些改革的啟示。

　　本書除此引言及書末總結章外，分為三大部分。第一部分探討新冠如何由未名病毒演變成為全球化危機、後新冠時代世界及生活如何不再一樣，遍及經濟、教育、社會生活、公共行政、公共服務、國際往來、政治及民情。至今幾波的疫情及病毒的變種，已構成疫發初期未有預見的多番轉折衝突。防疫抗疫的手段（非治療性及治療性的紓緩），各國各地或許大同小異，但其危機定義、應對力度和覆蓋面卻見有別，皆因本國本地的體制條件及政情民情等因素，令成效不一，短期和長期表現有異。病毒不斷變種，疫情、民情和政情也不斷在變。

　　差不多在所有國家和地區，抗疫都成為最大的政治，見諸於保生命與保生計、控疫與復元，以及科學與經濟之間的張力與爭持。在國際層面，新冠政治反映於不同形式的新冠國族主義和國際地緣政治張力，導致世衛組織陷於被動、區域或國際合作薄弱（如見於疫苗競爭）。在本書執筆時，更存在「清零 vs 共存」之爭，但兩者被置於對立實乃偽命題，真問題並非二取其一，而是如何在新冠病毒不斷變異及風土化下，致力切斷傳播鏈及減低重症、併發症、致死率及長者面對的風險。

　　第二部分就一些主要國家和地區的抗疫策略和表現作出比較。在進行國際比較時，須先掌握各地疫變情況及究竟要比較什麼，因為涉及不同應

9　可參考 Jonathan Quick and Bronwyn Fryer, *The End of Epidemics: The Looming Threat to Humanity and How to Stop It*, New York: St. Martin's Press, 2018.

對模式、不同醫學準則、不同資源條件、不同行政與行事方式，以至不同制度傳統和文化。在疫變過程中，抗疫防疫與民情政情交集，也受國際經驗交流、政策學習與政策轉移所影響。而且，疫情長期持續下也見抗疫之轉折反覆，以及不同手段的因勢組合。各國各地控疫防疫手段和政策工具，不外乎檢測監察與追蹤、隔離與社交距離、封區封城、疫苗與治療等。不過，病毒在異變，對策和論述因而也在變：從早階段的經濟配合醫療，逐步走向醫療配合經濟復原。

在至今已兩年多近三年的抗疫行動上，大抵上「領先者」皆從強力圍堵開始，顯著者包括中國內地、香港、台灣等地，以及日本、韓國、新加坡、越南、澳洲、新西蘭等國。它們之間的具體圍堵及所謂「清零」策略，在不同階段也見調整和轉變。新冠爆發之初北美及歐洲一些國家對新冠病毒未夠重視，這些「滯後者」一些早期曾迷信依賴群體免疫，當中以英國、美國及個別北歐國家為甚，後來也經歷不同階段的抗疫策略和手段的調整，但因前期輕視病毒疫變，以至無法根本地扭轉疫情。在兩極的應對態度和策略之間，也存在歐陸混合模式（如意大利、法國、德國、荷蘭等），以及其他一些國家如俄羅斯、印度、南非，以至南美國家的各自應變取向。

第三部分針對香港在過去三年抗疫表現之跌宕。簡言概括之，其第一階段（2020 年）集中於圍堵策略，表現突出；第二階段（2021 年）曾見策略徘徊不穩，主要因為須平衡遏止傳播（動態清零）與維持經濟民生活動（逐步開放禁制）兩者在不同時期的需要和條件，但大抵上疫情受控，香港在國際比較表現上仍位於前列，不過經濟活力受壓日增；第三階段（2022 年）首見疫情失控而呈淪陷邊緣，導致中央政府積極介入支援抗疫，市民質疑政府抗疫能力和策略的聲音此起彼落。

綜觀這三年，香港的應變能力在新冠抗疫上經歷重大考驗。初期香港受益於 2003 年「沙士」的經驗和制度啟示，使 2020 年新冠爆發後，政府即時啟動應變機制發揮作用，整體醫護體制的表現突出，機構協調與公眾溝通也比「沙士」時大為改善，公共部門與企業和公民社會之間亦充分合作。但為何香港會由控疫戰勝走向 2022 年初第五波的困局？當中涉及戰略

與戰術上的落差。抗疫之危機論述為何貧乏脆弱、持久戰為何欠缺準備，皆須予以認真檢討，並與香港的深層次和結構性才盾有所關連。香港之例，展示疫情嚴重考驗政府的治理能量、社會信任度和領導力。

　　最後，在總結章歸納一些國際性的重要經驗與教訓，以有助再理解抗疫應變之道及箇中的關鍵因素。踏入 2022 年，邁向與病毒共存（甚至視之為恆常化的風土病風險）似成為國際趨勢，不過共存策略下也存在被動 vs. 進取、寬鬆 vs. 嚴謹之別，而在少數仍維持清零導向的國家和地區，也漸見較動態化和靈活的抗疫認知。對於堅持「動態清零」原則的中國內地來說，2022 年首、次季度 Omicron 肆虐下香港和上海等城市的慘痛經驗，也應帶來不能迴避的策略反思。初期成功的經驗和方法，不一定足以應付病毒變種後的疫情變化，「動態」便需因時制宜、緊貼形勢，這亦是今次疫變帶來的重要啟示。

　　本書重點不在於詳情細節，此皆可從網上、世衛組織及各地官方和民間資訊知悉，包括醫衛專家的研究分析，文獻和相關資料數據繁多；故書中敍述，在於了解抗疫策略當中主要的脈絡、方向及應變調整之道，從而吸取經驗教訓。本書得以出版，全賴中華書局（香港）有限公司黎耀強副總編輯的鼓勵，及其團隊的支持，特此鳴謝。另外，感謝香港《明報》慷慨同意我在書中使用我曾在該報觀點版發表的一些文章的內容和觀點。[10]

張炳良

2022 年 9 月

10　主要是五篇文章：〈我們有汲取當年「沙士」的教訓嗎？〉（2020 年 3 月 10 日）；〈抗疫一年盤點：已到改守為攻的關頭？〉（2020 年 12 月 22 日）；〈香港抗疫策略可守多久？〉（2022 年 2 月 22 日）；〈抗疫之戰新拐點，國際都會陷危機〉（2022 年 3 月 29 日）；〈成也新冠、敗也新冠：復常乃當前最大的政治〉（2022 年 9 月 20 日）。

第一部分

後新冠時代

第二章
由未名病毒至全球化危機

新型冠狀肺炎病毒，最早可能於 2019 年 10 月至 11 月已進入人類系統，並開始傳播。至今所知，首個感染個案於 2019 年 12 月 1 日在中國湖北省會武漢市發病，而首位前往醫院就診的患者可能出現於 12 月 12 日。12 月 26 日，武漢市呼吸與重症醫學科主任張繼先最早發現和上報此不明原因的肺炎，並懷疑該病屬於傳染病。由於初時尚未知此新冠病毒的性質，只視之為未知源由的肺炎，甚至香港、台灣等地雖在當時已提高預防傳播警示，也只能用未明病毒為代號。

2020 年 1 月中旬，疫情陸續蔓延至鄰近地區和國家包括泰國、日本及韓國等。鑒於疫情嚴峻，中國以舉國之力應對，決心遏止疫情。1 月 23 日，武漢市新冠肺炎疫情防控指揮部宣佈採取疫區封鎖隔離措施，成為近代公共衛生史上對千萬人口大城市採取封城的首例，其後「封城」、「封區」（加上禁足）成為中國內地果斷防疫控疫的重要及慣用手段，乃其「清零」政策（後表述為「動態清零」、「社會面清零」）的標誌。

病毒爆發及命名

新冠病毒（「新型冠狀病毒」，novel coronavirus）要至 2020 年 2 月中旬才正式命名。2 月 11 日，國際病毒分類委員會宣佈將此新病毒命名為 SARS-CoV-2（「嚴重急性呼吸綜合症冠狀病毒 2 型」）。選擇這一名稱，是因為這病毒與導致 2003 年 SARS（「沙士」）疫情的冠狀病毒在基因上相互關聯；不過，這兩個病毒雖然相關，卻是不同的病毒。同日，世界衛生組織根據此前與世界動物衛生組織和聯合國糧食及農業組織共同制定的命名準則，宣佈這一新疾病的名稱為 COVID-19（「2019 冠狀病毒病」）。

按世衛組織解釋，病毒及其引起的疾病通常都有不同名稱。例如，人類免疫缺陷病毒（human Immunodeficiency virus，簡稱 HIV，艾滋病毒）是導致艾滋病（AIDS, acquired immunodeficiency syndrome）的病毒。人們通常知道麻疹（measles）等疾病名稱，但不一定知道引起這一疾病的病毒 rubeola 的名稱。病毒和疾病有不同的命名程序和用途，病毒乃按遺傳結構命名，這樣做的好處是便於診斷試劑、疫苗和藥物開發；而疾病命名是為了便於討論疾病的預防、傳播、傳播力、嚴重性和治療。

迅速蔓延成全球大流行

世衛組織於 2020 年 1 月 30 日宣佈新冠疫情為「國際公共衛生緊急事件」。2 月中旬，中國內地的疫情達至高峰，而意大利、韓國和伊朗等國也見確診人數急速增加，因此世衛組織於 2 月 29 日把疫情的全球風險級別升至「非常高」。至 3 月，歐美澳及中東各國病例續增，世衛組織遂於 3 月 11 日宣佈新冠疫情已構成「全球大流行」（pandemic）。表 2.1 和表 2.2 顯示全球各大洲疫情於過去兩年多（至 2022 年 8 月底）逐季度的累積確診率和累積致死率（以每 100 萬人口計算）的變化，以窺看新冠病毒傳播和攻擊人類之利害。

由於新冠病毒初發於武漢，並曾傳出懷疑武漢市及湖北省相關部門緩報隱瞞、封鎖消息，且因新冠傳染早於症狀呈現，易令風險警覺鬆懈，錯過了及早控制的時機，讓病毒藉當時全國春運大人流迅速擴散各地、疫情蔓延，頓使中國人在國際上備受排斥；期間又發生李文亮事件，[1] 令中國

---

[1] 2019 年 12 月 30 日下午（即張繼先醫生報告可疑病例三天後），武漢市中心醫院眼科醫生李文亮在其同學微信群組轉發信息稱「確診了 7 例 SARS、請不要外傳」後，武漢市警方於 2020 年 1 月 3 日請他前往派出所作出訓誡，要求停止傳播「流言」。1 月中旬李文亮不幸感染，1 月 31 日確診為新冠肺炎，2 月 7 日經搶救無效病逝，引致部分國內和國際輿論視他為受打壓的「吹哨人」。就李文亮事件，國家監察委員會決定派出調查組前赴武漢，開展調查。3 月 19 日，調查組公佈調查結論並召開記者會。同日，武漢市公安局通報了有關處理結果，認為訓誡李文亮一案之適用法律錯誤，決定撤銷訓誡書。官方並於 3 月 5 日，授予李文亮「全國衛生健康系統新冠肺炎疫情防控工作先進個人」稱號，4 月 2 日評定為烈士。

表 2.1　　全球各大洲逐季度累積確診率比較
　　　　　（以每 100 萬人口計算）

	31/3 2020	30/6 2020	30/9 2020	31/12 2020	31/3 2021	
亞洲	38.47	491.91	2,274.27	4,415.50	6,075.97	
大洋洲	118.31	214.87	705.50	1,088.02	1,282.48	
歐洲	608.00	3,215.56	6,789.63	31,843.22	53,587.64	
北美洲	347.83	5,201.03	14,565.85	38,870.59	59,129.82	
南美洲	33.40	5,159.65	18,598.34	30,416.05	48,770.40	
非洲	4.14	290.79	1,064.30	1,982.52	3,028.77	

資料來源：Our World in Data, https://ourworldindata.org/covid-cases

表 2.2　　全球各大洲逐季度累積致死率比較
　　　　　（以每 100 萬人口計算）

	31/3 2020	30/6 2020	30/9 2020	31/12 2020	31/3 2021	
亞洲	1.52	12.14	41.57	71.99	91.79	
大洋洲	0.43	2.83	20.88	23.80	25.67	
歐洲	41.43	251.30	297.97	729.44	1,224.53	
北美洲	9.47	280.11	512.42	856.71	1,346.08	
南美洲	1.11	262.21	698.06	963.61	1,484.63	
非洲	0.14	7.29	25.76	47.02	80.98	

資料來源：Our World in Data, https://ourworldindata.org/covid-cases

於國際上受千夫所指。在日趨惡劣的全球地緣政治炒作下，對中國不友善或反中國之評論往往使用「武漢肺炎」一詞，極盡貶意，時任美國總統特朗普（Donald Trump）更刻意稱之為「中國病毒」（China virus），處處標榜中國乃病毒威脅源頭，予以妖魔化。

針對西方國家試圖掩蓋疫情，延誤對外發佈的指控，中國政府指出：新冠肺炎疫情是未知病毒對人類發起的突然襲擊，對其了解和掌握需要一個過程。[2] 官方展示的時序是：2019 年 12 月 27 日，張繼先醫生第一時間報

---

[2]　新華網，〈麥考爾報告政治化新冠疫情的謊言與事實真相〉，2020 年 8 月 28 日，http://www.xinhuanet.com/world/2020-08/28/c_1126424002.htm。

	30/6 2021	30/9 2021	31/12 2021	31/3 2022	30/6 2022	31/8 2022
	11,896.23	16,175.10	18,097.66	29,852.58	33,431.12	38,192.24
	1,675.05	5,187.84	13,234.36	124,034.04	221,013.02	273,113.94
	64,893.39	79,767.63	118,342.95	241,555.43	274,952.46	298,622.08
	66,771.86	87,837.71	109,073.78	158,779.30	173,592.00	188,100.70
	75,802.36	87,055.05	91,650.63	129,167.84	137,441.65	146,347.28
	3,953.28	5,968.69	7,006.76	8,301.48	8,663.63	8,852.51

	30/6 2021	30/9 2021	31/12 2021	31/3 2022	30/6 2022	31/8 2022
	169.35	240.07	268.38	299.83	307.72	313.60
	28.77	66.06	101.52	200.49	317.54	419.22
	1,478.85	1,642.21	2,048.43	2,375.49	2,485.82	2,571.80
	1,506.86	1,777.04	2,048.91	2,375.10	2,449.22	2,510.62
	2,316.22	2,662.15	2,746.76	2,967.66	3,006.91	3,052.91
	102.65	151.11	164.07	180.95	183.16	184.23

告其接診的三例不明原因肺炎患者情況，是地方部門首次報告可疑病例。12 月 30 日，武漢市衛生健康委員會（衛健委）下發文件《關於報送不明原因肺炎救治情況的緊急通知》及《關於做好不明原因肺炎救治工作的緊急通知》；12 月 31 日，發佈《關於當前我市肺炎疫情的情況通報》，當天中國向世衛組織駐華代表處通報武漢出現不明原因肺炎病例信息。2020 年 1 月 3 日，中國開始定期向世衛組織、包括美國在內的有關國家，以及中國港澳台地區及時和主動通報疫情信息。從 1 月 3 日到 2 月 3 日，中方向美方通報疫情信息和防控措施凡三十次。

　　武漢市衛健委 2019 年 12 月 31 日首次公開通報肺炎疫情後，中國於

2020 年 1 月 7 日完成了病毒鑑定和測序，1 月 11 日跟世衛組織和其他國家分享有關病毒基因序列信息；1 月 10 日，中國科學院武漢病毒研究所等專業機構初步研發出檢測試劑盒，並加緊研製新冠病毒疫苗和有效藥物；1 月 20 日，「新型冠狀病毒感染的肺炎」被國家衛健委納入法定傳染病管理；1 月 24 日，新冠肺炎的網絡直報功能正式上線。

姑勿論 2019 年 12 月至 2020 年 1 月期間，省市層次在疫情研判和處理上存在怎樣的不足或缺失，一旦在內地大範圍擴散而進入中央緊急關注之列、官方確認風險後，抗疫已成為國家頭等大事，國家主席習近平更以「人民戰爭」視之，動員全國人力物力，誓要把疫情壓下。果斷控疫舉措、封城、醫護軍民總動員、跨省互相支援、流行病學應對等，展示了遇到特急情況時，中國在舉國體制下應變能量的強勁及強制力度實非他國可比，對遏阻病毒散播起了關鍵作用，逐步在全國範圍內把疫情穩定下來。大抵上至 2020 年 4、5 月間，封城控疫措施已陸續取消，生產及經濟活動恢復過來，令中國成為全球新冠疫情首年唯一錄得經濟增長正數的大國。

中國內地抗疫之成功，國際上令人矚目。大疫初期多個亞洲國家和地區（如韓國、新加坡、越南，以及香港、澳門和台灣地區等）均嚴陣以待，採取果斷的控制手段，用中國內地說法，「外防輸入、內防擴散」，務求遏阻傳播感染。反之，很多歐美國家輕於警覺，甚至有視新冠僅為主要影響亞洲之傳染病毒而已，就像當年 SARS 一樣，不會波及西方世界。至 2020 年 4 月，新冠已遍及歐美澳各地（意大利更於 3 月效法中國，採取封城措施），但因新冠病毒實在傳播力強，且無症狀，跟 SARS 毫不一樣，故一發便不可收拾。回過頭來看，從全球角度言，歐美成為新冠重災區，美國號稱世界醫療及科技水平最高之超級大國，可是其確診率和致死率卻是發達國家最高者之一，與早期飽受其冷嘲熱諷及妖魔化的中國，構成強烈對比，極具諷刺。

美國從 2020 年 1 月初便獲中國通報新冠疫情信息，也一直透過本身情資系統掌握和知悉情況，故不能說其被蒙在鼓裏或受中國誤導。2020 年 5 月 1 日，美國疾病控制與預防中心（疾控中心，CDC）網站發佈該中心首席副主任舒沙特（Anne Schuchat）及 CDC 應對新冠病毒小組撰寫的報告

稱，[3] 美國於 2020 年 1 月 21 日報告首個確診病例後，疫情似在 2 月得到控制，但隨後迅速加劇。因美國政府輕視新冠病毒威脅，而且特朗普總統藉新冠大玩仇中民粹主義，又不聽及不重視醫療專家的意見，其所屬共和黨的右翼政客及陰謀論陣營不信科學，故未有積極防疫控疫、堵塞風險空間；在持續旅遊輸入、大規模聚會、病毒傳入高危工作場所和人口稠密地區、檢測規模有限等因素下，隱性及無症狀傳播使美國疫情在 2 至 3 月全面蔓延。

至於歐洲，英國和北歐個別國家如瑞典，鑒於本國醫療系統容量有限，並寄望以群體感染達致「群體免疫」（herd immunity）之效，故最初階段對新冠疫情採取近乎放任的等待態度，而社會上因政府缺乏作為和領導力，呈現抗拒一些基本防疫措施（如佩戴口罩、保持社交距離、減少聚會）的情緒，促使病毒擴散更快更廣，造成老弱者致命率高。一些其他國家也曾見低估甚至低報疫情，如印尼總統於 2020 年 3 月承認，為求不引來公眾恐慌而不發放一些疫情信息。[4] 印度有報道指出醫療專業機構受政府的政治需要所影響，「度身訂造」地撰寫地方上的疫情報告；[5] 2022 年 5 月世衛組織估計，2020 年 1 月至 2021 年 12 月印度因新冠額外死亡人數高達 470 萬，而印度早前公佈的 2020 年至 2021 年新冠死亡人數為 48 萬，二者竟相差近 10 倍！

3　美國疾控中心（CDC）「應對新冠病毒小組」報告，2020 年 5 月 1 日（*Public Health Response to the Initiation and Spread of Pandemic COVID-19 in the United States, February 24 – April 21, 2020*, US Centers for Disease Control and Prevention, 1 May 2020, https://www.cdc.gov/mmwr/volumes/69/wr/mm6918e2.htm）。報告撮要説："The first confirmed coronavirus disease 2019 (COVID-19) case in the United States was reported on January 21, 2020. The outbreak appeared contained through February, and then accelerated rapidly. …Various factors contributed to accelerated spread during February – March 2020, including continued travel-associated importations, large gatherings, introductions into high-risk workplaces and densely populated areas, and cryptic transmission resulting from limited testing and asymptomatic and presymptomatic spread. Targeted and communitywide mitigation efforts were needed to slow transmission."

4　D. Pangestika, "'We don't want people to panic': Jokowi says on lack of transparency about COVID cases", *The Jakarta Post*, Jakarta, 14 March 2020.

5　K. D. Singh, "As India's Lethal Covid Wave Neared, Politics Overrode Science", *The New York Times*, New York, 14 September 2021.

全球抗疫參差、國際合作不足

至今持續快近三年的新冠病毒大流行病疫，從全球來看，有幾點顯著之處：一、整體疫情嚴峻、擴散快而廣、感染確診病例和死亡人數高企；二、國際抗疫合作不足，各國各自為政，且封關封城等嚴厲舉措助長自保主義和孤立主義；三、各國各地的抗疫表現成效參差，且隨着病毒變種，疫情起伏反覆，帶來抗疫策略取捨之困，一些早期見效之舉，後期未必切合形勢的變化，對危機的定義也在持續調整。

從傳染病和流行病學角度言，防疫抗疫的手段，分為治療性紓緩（therapeutic mitigation，即醫療系統上的處理和治療）和非治療性紓緩（non-therapeutic mitigation，即醫療系統以外的遏阻病毒擴散措施，使無需患病而要入院治療）。重點在於控制病毒的「R」數值，即繁殖率，具體指一名感染個案（患者）可傳播而導致的新增個案數目，R 數值愈高，則指病毒的擴散力愈大。應對之道不外乎：一、減少因人際接觸所引致感染的機會，故採取強制佩戴口罩、社交距離、公共衛生措施等；二、減少一名受感染者作人際接觸的時間，故須透過檢測和追蹤措施，盡快找出新近受感染者，並把他們隔離；以及三、最終禁止人們流動、使堵截人際接觸的任何機會，如限制聚會、地區性禁足以至封區封城等。病毒傳播模式和遏阻方法看似顯淺道理，但每一次瘟疫和大流行均有變化及存在獨特因素，因而單靠過去經驗，不足以應付新疫之挑戰。[6]

今次面對新冠大疫，各國各地政府和醫護當局均不同程度上採取上述應對手段的組合，其力度和覆蓋面，視乎決策者及專家對疫情的評估而定，包括以 R 去衡量病毒之傳播率、感染個案及致命個案等數據分析、計量模型推算，並評估其本國本地公衛及醫療系統的應對容量（surge capacity）。而抗疫成效，則跟政府和社會的危機意識、抗疫防疫策略和手段、科學論證，以及公共管治體制等息息相關；疫情考驗了各國各地的危

6　見 Adam Kucharski, *The Rules of Contagion: Why Things Spread—And Why They Stop*, New York: Basic Books, 2020.

機管理效能，包括政府治理能量、社會信任、領導能力等要素，在第三章將會詳加分析。

此外，儘管新冠病疫已成大流行，但國際上抗疫防疫的合作卻大為落後於需要和期望。一方面，世衛組織雖然是負責人類疾病的預防和應對工作的國際組織，但應對新冠病毒的爆發和蔓延，顯得有點後知後覺，初早時低估威脅，遲至 2020 年 3 月中才宣佈大流行，之前缺乏有效的預防擴散的指引，甚至一度對需否佩戴口罩猶豫，對封關之舉持否定態度，使全球失卻遏止疫情惡化的早期黃金機會，這跟世衛專家們對新冠病毒性質認知不足、對病疫傳播因其無症狀及傳統智慧所限而趨向保守論斷，不無關係。另一方面，世衛組織在新冠抗疫上備受地緣政治因素所牽制，陷於被動，未能發揮積極進取的國際統籌協調作用，致各國各自為政、自訂策略措施，有時顯現出可稱為「抗疫國族主義」（pandemic nationalism）的自保自利行徑，不利於全球疫情控制。如此表現，尤見於防護裝備物資及其後疫苗的供應和分配上，以至各國之間往來通行檢疫缺乏協調及較一致性的規範和標準。

除了世衛組織作用受限之外，一些重要區域性組織如歐盟及東盟等，同樣角色欠奉。假如國際組織能像 2008 至 2009 年全球金融海嘯爆發後那麼合作救市，終於避免重現 1929 年華爾街股市崩盤引發的世界經濟大蕭條；假如各國肯和衷共濟、分享抗疫資源（如試劑和疫苗），並擺脫當今新冷戰思維造成的高度互為猜疑、陰謀論當道，則新冠疫情的發展或許不盡一樣，不致構成南北地緣不公平的新變數，導致發展中和低發展國家失業上升、貧窮加劇，從而又產生其他連鎖的社會問題（見下文）。

由醫衛危機擴散至全球經濟威脅

病毒不斷變異，危機也在異變，此乃對所有重大病疫的必需認知。新冠帶來的衝擊遍及全球，深刻而廣泛，被稱為 2020 年的黑天鵝，比諸 2008 至 2009 年的全球金融海嘯，實有過之而無不及，經濟合作及發展組織（Organization for Economic Cooperation and Development, OECD）於 2021 年形容

新冠帶來世紀性最嚴重的生命健康危機、二戰後最嚴重的經濟危機。即時影響下，2020 年第二季度全球經濟下挫 7.8%，為戰後所未見（OECD 首席經濟學家布恩［Laurence Boone］，2020 年 9 月 16 日）。

2020 年 6 月，國際貨幣基金組織（International Monetary Fund, IMF）曾預測，2020 年全球增長率為負 4.9%，比 2020 年 4 月其《世界經濟展望》的預測低了 1.9 個百分點。後來有關評估稍趨緩和，但仍屬顯著之負面，2021 年 4 月《世界經濟展望》指出 2020 年全年世界經濟產出急挫 4.2%，當中先進經濟體下跌 4.6%、新興市場及發展中經濟體下跌 2.1%。各主要經濟體及區域皆見負增長：歐元區負 6.5%、美國負 3.5%、英國負 9.8%、德國負 4.8%、印度負 7.3%、日本負 4.7%；中國（內地）因過疫果斷見效、生產活動恢復較快，乃唯一錄得正增長的主要經濟體，達 2.3%，但也已比 2019 年之 6.1% 大為收縮，是 1976 年以來之最低增幅。

大流行病疫導致各國各地內部社會和經濟活動放緩。國際間收緊檢疫隔離、封關封城，全面波及貿易往來、旅遊和物流供應鏈，全球旅遊業及航空客運停頓、貨運受阻。國際民航組織（International Civil Aviation Organization, ICAO）於 2021 年估計，[7] 與 2019 年比較，2020 年世界航空客運交通大挫六成，造成航空公司達 3,710 億美元的經常性收益損失；2021 年仍跌四成多，收益損失達 2,960 億至 3,170 億美元。國際航空運輸協會（International Air Transport Association, IATA）估計，[8] 2020 年民航業淨虧損為 1,264 億美元（負 33.9%），2021 年稍見起色，仍淨虧損達 477 億美元。它形容 2020 年是空運界「史上最壞的一年」，2020、2021 兩年分別有 55 和 35 間航空公司倒閉，不過之後有 32 和 57 間新公司成立，靜候疫後空運復蘇。近期，隨着歐美亞澳各國相繼恢復免隔離通關，航班漸增，2022 年 3 月的全球客量比 2021 年同期高出 76%，但國際航空運輸協會估計，要回到 2019

---

7   ICAO, *Effects of Novel Coronavirus (COVID-19) on Civil Aviation: Economic Impact Analysis*, Montreal, 2 August 2021.

8   IATA, *Economic Performance of the Airline Industry*, 2021 end-year report, Montreal, 4 October 2021.

年疫前水平，恐怕須等至 2024 年。[9]

連鎖影響下經濟停滯衰退，對全球勞動力市場造成嚴重衝擊。一些行業如航空、旅遊、餐飲等遭受災難性打擊；不少行業生意大減，裁員失業嚴重。國際勞工組織（International Labour Organization, ILO）早期曾估計，2020 年第一季度比 2019 年第四季度減少的全球工作時數，相當於損失了 1.3 億個全時工作，而 2020 年第二季度減少的工作時數，可能相當於 3 億多個全時工作（2020 年 4 月 22 日）。其後該組織 2021 年報告指出，[10] 全球就業下降，其中青年就業率急跌 8.7%，遠高於成人跌幅之 3.7%，以中等收入國家情況尤為顯著，因發展中國家的經濟復蘇能力較弱，前景較不明朗。2021 年初，世界銀行有分析估計，[11] 2020 年內因新冠疫情引致的全球新增「極度貧窮」（extreme poor）人口數量，介乎 1.19 億與 1.24 億之間，把之前自 1999 年以來減少極貧超過 10 億人口的成果逆轉。2021 年 10 月世界銀行的專家指出，新冠疫情對世界最窮國造成最大影響，2019 年至 2021 年，底部 40% 人群的平均收入下滑了 2.2%，而頂部 40% 人群僅下滑了 0.5%；收入下滑已轉化為全球貧困率的激增，從 7.8% 增至 9.1%，全球在終結極貧方面已經喪失了三至四年取得的進展。

大衰退的威脅當前，各國政府紛紛實行赤字預算策略，大增紓困開支，推出各種保業界、保就業的補助和借貸計劃，力求渡過難關，不致經濟一蹶不振，產生骨牌效應。[12] 先進經濟體和一些新興市場經濟體的中央銀行，訴諸量化寬鬆政策，大降利率及買債，以刺激信貸。為應付各項抗疫的財政手段，各國政府負債率急升，按國際貨幣基金組織估計，全

9　2022 年，隨着歐美亞澳各國恢復國際旅遊，民航客運逐漸復蘇，更呈現所謂「報復式」旅遊現象，需求急升，但由於之前停運減運時裁員不少，現急需重聘航機及機場人手，致每逢假期旅遊者大增，機場擁塞混亂，航班延誤嚴重，這也令航空量無法在短期內回復至疫前運行水平。

10　ILO, *An update on the youth labour market impact of the COVID-19 crisis*, Geneva, June 2021.

11　C. Lakner, Y. Nishant, D. G. Mahler, R. A. C. Aguilar, and H. Wu, "Updated estimates of the impact of COVID-19 on global poverty: Looking back at 2020 and the outlook for 2021", *World Bank Blogs*, World Bank, Washington, DC, 11 January 2021. https://blogs.worldbank.org/opendata/updated-estimates-impact-covid-19-global-poverty-looking-back-2020-and-outlook-2021.

12　可參考香港立法會秘書處資料研究組：《資料摘要：選定地方在新冠肺炎疫情下採取的挽救經濟和支援企業措施及其成效》（IN02/20-21），2021 年 2 月 19 日。

球公債佔本地／國生產總值（GDP）的毛比例，由 2019 年之 83.7%，上升到 2020 年之 97.3% 及 2021 年之 99%，而先進經濟體更高企於 120% 以上。[13]先進經濟體用於抗疫的財政佔 GDP 比例一般超過一成，發展中及低發展國家因財力有限，舉債不易，不能與之相比（非洲及中東一些國家低於2.5%）。

　　如此差距會反映於控疫及疫後復蘇的能力和步伐，並帶來長遠的經濟影響。[14] 無論如何，新冠大疫的全球經濟衝擊，已改變政府與市場的關係及公共財政的角色，民情要求政府介入經濟、保障民生、救濟失業、補助消費；從前反對國家干預的企業，也變得樂見政府支援業界、補貼大中小企業。一種新的國家干預主義意識形態急速抬頭，由於政府的干預和派發行動來得急，充滿政治權宜，但求從速穩定民情，因此不排除思考不周，甚至亂招派錢的決策性風險。

　　嚴厲控制疫情，遏阻擴散，是早期多個亞洲國家和地區的即時應對策略，其中以中國內地的封城堵截以求清零的政策最為突出，且的確達致實效，使 2020 年全年逆世界趨勢仍見經濟增長；該年台灣的經濟也有正增長，反映其初期清零見效。不過，也有內地財經專家指出，儘管如此，消費力仍受疫情削弱。中國人民銀行調查統計司原司長、上海財經大學教授盛松成表示，從 2021 年武漢市疫情以後的經濟復蘇情況看，工業生產和投資在復工復產之後實現典型反彈，惟消費的復蘇很慢，大概持續一年才恢復到疫情前的水平。他認為消費的恢復緩慢與消費意願減弱有關，「武漢疫情發生時，人們普遍認為是短期的，很快會過去，但是現在隨着疫情的持續，不少市場主體面臨深層考驗導致消費潛力下降，而失去的消費尤其是服務消費往往是很難彌補的」。[15]

　　2021 年 10 月，國際貨幣基金組織《世界經濟展望》指出全球經濟雖

13　IMF, *Fiscal Monitor*, Washington, DC, April 2021, Ch. 1: Tailoring Fiscal Responses.

14　IMF, *Fiscal Monitor Database of Country Fiscal Measures in Response to the COVID-19 Pandemic*, Washington, DC, July 2021.

15　盛松成於第三屆清華五道口首席經濟學家論壇上發言（2022 年 5 月 15 日），《明報》中國版報道，2022 年 5 月 16 日。

在持續復蘇，但新冠疫情捲土重來，疫情造成的「斷層」似將持續更長時間，這是因為各國短期經濟走勢的分化，將對中期經濟表現產生持久影響，差距主要源自各國疫苗獲取能力和早期政策支持力度不同。其中，發達經濟體之預測增速放緩，一定程度上乃供給擾動（supply disruptions）造成，而低收入發展中國家之預測增速放緩，則主要因疫情惡化所致。而且，世事往往禍不單行，踏入 2022 年，烏克蘭戰爭引致西方國家制裁俄羅斯，以及俄羅斯與北約集團的地緣政治軍事對壘，帶來全球經濟及能源和糧食供應不穩、物價急升的重大新變數。2022 年 4 月，國際貨幣基金組織《世界經濟展望》預測，全球經濟增速將從 2021 年 6.1% 的估計值，下降至 2022 年和 2023 年的 3.6%，分別較 1 月時之預測值下調了 0.8 和 0.2 個百分點。2022 年 7 月 26 日更新之展望報告，指出 2022 年形勢愈發暗淡，受中國和俄羅斯經濟下行影響，第二季度全球產出有所收縮；同時，美國消費者支出也不及預期。

世界經濟本已因疫情而被削弱，後又遭受了數次衝擊：全球通脹超出預期（尤其是美國和歐洲主要經濟體）引發融資環境收緊；受新冠疫情和防疫措施影響，中國經濟放緩超過預期；烏克蘭戰爭帶來金融市場及經濟前景更加不穩。國際貨幣基金組織首席經濟學家古林查斯（Pierre Olivier Gourinchas）警告，全球經濟或面臨五十年來最疲弱一年。歐美已由疫初加碼「量化寬鬆」，走向「量化收緊」，利率回復升軌，民眾的消費意欲和預期也在惡化。尋求復元不能靠個別國家或經濟體的力量，若新冠疫情持續不散、應對失策，則更難一廂情願。

社會生活和公共服務新常態

為了克服疫情所導致社交距離及國際往來上的嚴重和廣泛限制，在線授課、線上開會（包括國際會議和洽談）、居家工作、網上購物交易等漸成慣例，各地公共服務也進入前所未見、為勢所迫的轉型，將來就算疫情過後一切回復正常，相信實體接觸和網上溝通交集而成的混合形態（hybrid mode），將成為本世紀社會行事的新常態。正如國際顧問公司 Accenture 早

在 2020 年 4 月新冠病疫在全球範圍初起時已指出，「一些在此非尋常期間建立的處事能力——如遙距工作、顧客自我服務、社交媒體聯繫、遙距健康監察等——將構成公共服務供給的新常態」。[16] 新冠的全球擴散與持續，對公營部門、私營企業以至第三部門（非政府組織、民間團體等），皆帶來組織上、管理上、操作上及服務提供方式上深遠的影響，以及生活和生態上的含義。

職場上彈性工作、彈性僱用、供給和需求／用家雙方雙向適應漸成時尚，並變得技術上可行。由於居家也可工作、上課、購物，一切自我服務，供應鏈在變，公共服務也在數碼化（digital）。因此傳統「家」的私人／私隱觀念在淡化消失，家居和辦公再難分野，其介面重新定義。機構之間、界別之間的協作進入共享資訊、共解疑難、共建網絡的新平台。國際、在地與全球之間的互動，也在經歷翻天覆地的質變，虛擬上的「跨境跨界」（cross border）成為主流，人似同時處於「在地」和「全球」的平行世界。當然一切都依賴發展迅速的新資訊科技和數據科技的配合，如人工智能、大數據、信息分析（information analytics）等，表面上人類社會已進入數碼化的「智慧」（smart）年代，但也更受塑和受制於科技，以及由此衍生的新型風險，如資訊盜竊、網上欺詐犯罪、數碼鴻溝（digital gap）及代際科技知識差距等，成為社會不公的新源頭。

新舊技術之別，促成新舊業務之爭及交替淘汰過程，構成市場重整。「混合」工作形態也會造成管理上的新問題，如工作分配和表現評核。新冠經驗令人產生新的風險意識，包括在健康、衛生、安全、出行、就業、營業、物流、國際旅遊等多方面。此外，由於防控疫情需要，大多數國家最終都動用公權力和法規，去落實種種限制人群聚集和流動的緊急措施，以至強制檢測、隔離和接種疫苗等。有論者認為這也讓一些獨裁型政府（姑勿論屬於民主或非民主政體），借抗疫之名而進一步箝制個人自由和

---

16 Accenture, *Public Services at the forefront of COVID-19*, Dublin, April 2020. 英文原文為："many of the capabilities established out of necessity during this extraordinary time — such as remote work, customer self-service, social media engagement, remote health monitoring — will become the new normal of public service delivery"。

活動。

　　總言之，伴隨新冠而來的，乃一巨變的社會生態，既有着各種新的可能和機遇，也存在以前未見的新風險和不公不均。這種種問題，將成為疫後的社會和市場矛盾分化的因素，帶來公共管治上不容漠視或低估的新挑戰。世界從此不再一樣，人類生活不再一樣，國際關係和地緣政治也起了重大變化。

第三章
抗疫的危機管理及政治

第一章「引言」指出，人類社會已進入「風險社會」時代，二十一世紀全球化也引來風險全球化，任何地方爆發病疫，病毒得以藉全球化帶來之跨境方便，借助人流物流載體迅速擴散他方，並容易成為流行病疫。在此大環境下，若有個別國家和地區抱持僥倖心理，以為可以「獨善其身」，實乃一廂情願，徒減風險意識。而且，流行病疫必然影響社會活動和經濟生產，也同時藉全球化效應波及世界各地糧食原料等供應和貿易往來，最終衝擊物價、就業、消費，以及民生各環節。

同一病毒侵襲，科學上應無分別，大同小異，但各方政府和醫護系統的危機定義、應對力度和覆蓋面卻有差別，致成效不一，短期和長期的表現也會有異。而且病毒不斷變種，故疫情、民情以至政情也因應而不斷變化。[1] 事實上不是所有政府都予新冠病疫同等重視，有些早期視新冠病毒等閒、看作輕微流感，不肯聽取醫學專家的科學論斷。病疫造成生命健康和安全上的損失，但是一旦傳播感染，並非只是無奈下的天然客觀、人人迴避不了的命運。表面上看，似是物競天擇，實際上乃社會資源分配、階級差別、經濟利益和政治權力結構互為構織下的結果。

---

[1]　學術上有不少觀察分析，如：Gilberto Capano, Michael Howlett, Darryl S.L. Jarvis, M. Ramesh and Nihit Goyal, "Mobilizing Policy (In)Capacity to Fight COVID-19: Understanding Variations in State Responses", *Policy and Society*, Vol. 39, No. 3, pp. 285-308; Paul Joyce, Fabienne Marin and Purshottama Sivanarain Reddy eds., *Good Public Governance in a Global Pandemic*, IIAS Public Governance Series, Vol. 1, Ed. 1, Brussels, 2020; Anthony Cheung and Sandra van Thiel eds., *Crisis Leadership and Public Governance during the COVID-19 Pandemic: International Comparisons*, Singapore and London: World Scientific Publishing, 2022 forthcoming.

同一病毒，應對有別

因此，抗疫不單只有公共衛生和醫療的一面，更要考慮經濟及社會民情的一面，主政者與專家對危機及應對策略的判斷，往往不可能一致，說到底政府決策必然是綜合多方面考量和權衡利害得失下的取捨，而面對現實政治壓力的不是專家。一些國家和地區早期持僥倖態度，或因醫護應對容量不足而在疫情初段未肯採取嚴厲手段，以盡量避免突然大量增加入院壓力致系統「爆煲」，從而產生種種人道代價，最後還須面對現實，重視疫情，回歸至剛性防疫控疫措施。

疫情持續至今已兩年多，各國經歷幾波衝擊，不時調整策略和舉措優次，並累積大量不同經驗，因而全球上也存在一定的互相參照，即公共決策學上所形容的「政策學習」（policy learning）和「政策轉移」（policy transfer）現象。例如，封關封城便從最早期少數國家的例外之舉，逐漸變成眾多國家和地區的常態措施。各地民眾對各種防疫限制，也多由初時之猶豫、抗拒，慢慢隨着疫情惡化而接受下來；在公共場所或公交車上佩戴口罩，早期在歐美城市曾一度令人側目，視為亞裔人多此一舉而加以譏笑，但最終成為必備要求。這一切官方和民間的心態上和行為上的調整，在在說明了新冠疫情對危機警覺及危機意識帶來的變化。

不過，歐美澳國家在反建制、反權威的民粹主義作祟下，也湧現懷疑疫情的陰謀論情緒，處處否定強制性的控疫舉措。美國早期至少有 75 個城市發生了示威活動；2021 年歐洲多國加強封鎖、疫苗通行證等措施後，引發強烈不滿，英國、德國、法國、荷蘭、比利時、奧地利、克羅地亞、意大利等國都爆發過示威抗議，其中一些演變為警察與抗議者之暴力衝突。兩年多疫情期間，多個主要城市（包括倫敦、巴黎、柏林、阿姆斯特丹、墨爾本、紐約、華盛頓特區、洛杉磯、多倫多等）都曾發生激烈抗議行動。疑疫的部分民情，左右着當地的政治取捨及政府的抗疫決策。

防疫控疫，首要抱有風險意識，重視並建立危機應變機制；若缺乏危機感，則抗疫的決心和力度必大打折扣。中國內地由 2020 年 1 月下旬起以全國性類戰時狀態應對，迅速遏止新冠疫情，與特朗普總統領導下的美國

質疑科學、訕笑專家而造成疫情全面失控，比照強烈。病疫對社會生活和經濟民生的影響，構成主導內部民情政情的變數。如何抗疫？怎樣決策？誰受益？誰付代價？當中的利害取捨與社會成本效益平衡，乃抗疫的政治所在，見諸於黨派競爭借疫情所引發的追究責難，以及民間／業界與政府之間的糾纏，如關於檢測、隔離、限聚、限業、社交距離、疫苗接種、封區禁足等。

不少論者指出，若社會信任度低、政治爭議分化，必然影響抗疫的能力、果斷和成效。但單有社會信任還不夠，政府必須善於危機管理和危機溝通，敢於承擔去作艱難之決定，並能展現領導力和執行力。疫情持續下，科學與經濟之間的張力、控疫與復元之間的矛盾，無可避免成為抗疫策略和政治爭持的主軸。而且，在國際利益競逐和地緣政治下，也產生單邊自保主義情緒的抬頭，國族主義作祟，並與近年冒起的國家安全／區域安全意識互為發酵，削弱了國際上共同抗疫應有的合作和諒解，這些都在今次新冠大疫中顯現無遺。踏入 2022 年，全球層面更出現所謂「清零與共存之爭」，使偽命題與真問題混淆，增添抗疫復元的變數。

危機意識及危機管理

不正視風險，不承認危機的存在，就不會進行應變舉措。世事變幻無常，危機四伏，有時星火可以燎原。美國十九世紀 Mrs O'Leary's cow 的傳說，形象地說明為何一頭牛無意打翻牛棚內的燈籠，竟會導致芝加哥全城陷於火海之中。[2] 風險意識就是不看輕任何一個小事故或缺口，及早防範堵漏，即所謂「nip in the bud」（消滅於萌芽狀態）。人類乃經驗之動物，所以通常遇過重大危機風暴的地區，多會提高風險警覺，如亞洲部分國家和地區曾深受 SARS 打擊的教訓，故早期面對新冠病毒來襲，應變上較為

2　芝加哥大火（Great Chicago Fire）發生在 1871 年 10 月 8 至 10 日，造成近 300 人死亡、約 10 萬人無家可歸，毀壞範圍達 9 平方公里，是美國十九世紀最大的災難之一。起火原因一直眾說紛紜，最為流傳的說法為糧倉主人 Catherine O'Leary（O'Leary 夫人）所飼養的牛把一個燈籠打翻所引起。

嚴謹果斷，其人民爭相佩戴口罩及其他防護物。

　　每一次危機過後吸取經驗教訓，多會構成危機處理在「標準作業程序」（standard operating procedure, SOP）上的改善變革，若缺乏此舉，乃公共管治的失敗。新 SOP 運作常態化，使相關部門機構及其上下人員更新系統思維，提升應對未來危機的準備和能力，體現「從危機中學習」之道。不過，不同國家和地區體制不同，有時因為其他制度上或系統性的失效，會導致應有的改革未能落實到位。而且，不能只按本子辦事，縱使是新的本子，因為每一次出現新的危機都有其獨特性，受具體的內外環境因素所致，而人為態度也會有變，故一切並非只是過去危機的簡單重複；雖然歷史帶來經驗，但總不能只向後看或囿於從前的認知。病疫下病毒不斷變異，因此決策者及醫衛防疫部門切忌只看一部通書，必須開放風險警覺，設法走在形勢前頭去掌握疫情之變幻，以免徒勞無功或事倍功半。

　　風險管理已成為現代企業管治的重要一環，上市公司的董事會多已成立風險委員會，並在管理層設置風險經理專職，經常評估公司面對的內外風險變化，以及對公司業務和盈虧帶來的影響，遇有重大變故須及早展示盈利警告。公營機構以至政府也日趨注重風險管理。管理學文獻歸納顯示，[3] 做好風險管理，有賴建立進取的風險文化，使成為企業核心文化的一部分，並在機構／企業的不同組織層級及業務次系統上分工管理、設定指標、時刻評核，有效運用資訊科技，使風險文化不致淪為紙上文章，能最終透過各種作業規則和實踐，藉日常管理和操作上互助去傳達風險警覺和文化價值，才有助改變機構和人員的行為，切實地控制風險及提升效益。

　　文獻也強調須上下結合去執行風險管理，一些企業和機構設立「風險倡者」（risk champion）或「變革倡者」（change champion）角色，使有利於推行風險管理的思維邏輯，傳播風險文化。近年在公共行政方面探討危機

3　E. Bracci, M. Tallaki, G. Gobbo and L. Papi, "Risk management in the public sector: a structured literature review", *International Journal of Public Sector Management*, Vol. 34, No. 2, 2021, pp. 205-223. https://doi.org/10.1108/IJPSM-02-2020-0049.

管理的學術文獻和研究頗多，而危機管理的政治乃針對受壓下如何展現政治領導力和治理能量。[4] 預防危機與危機管理不是同一層次的挑戰，前者指危機過後如何借鑑經驗，避免重現；後者則指危機當前如何應對（哪怕是已有了一定防範而仍因種種原因出現危機）。綜合而言，可用五個皆 C 字母的英文詞去概括危機管理的政治挑戰：

（1）Communication（傳訊溝通）：危機管理講求心戰，導引民情支持應變，故政府要善於論述，向公眾發放集中而具實用性的信息（messaging），還須處理種種誤傳、扭曲事實以至假資訊。資訊發放要快而準，聚焦關鍵問題，不要讓大量數據資料使一般公眾難以消化，感到無所適從。社會上不同界別群體對資訊的需求不同，政府要因應所需作出對焦的雙向溝通，準確掌握各方民情，才能急民所急、想民所想，逆位思考。

（2）Coordination（協調統籌）：危機管理像作戰，不容有失，因而指揮系統須明確，既按功能分工，但同時使跨部門／跨界別工作充分發揮協同效應，讓政府得以領導有力，如臂使指。

（3）Confidence restoration（維持信心）：作戰時軍心民心皆為重要，有士氣民氣才能幹好大事，減少猜疑內耗。危機應變之戰往往亦是「可信度」（credibility）之戰，所謂得道多助，不容低估危機下任何傳言和陰謀論對政府信任的破壞，因為謠言流傳比官方資訊快而廣得多。

（4）Conflicting views（衝突主張）：危機下傳言和種種揣測必多，不單普羅如此，專家精英也是一樣，因而經濟金融危機下不同學派的經濟學者分析和倡議可截然不同，學院派和機構經濟師之着眼點有異。同樣，面對疫情，流行病學專家以至醫護專業人員之間的判斷和預期有時也會大相逕庭，如新冠病疫早期連一般人應否佩戴口罩，各國也存在專家爭議。在意見紛紜的現實情況下，如何疏理整合、作出取捨平衡以制定清晰對策，自是對政府判斷力和領導力之一大挑戰。

（5）Crisis mutates（危機變異）：對危機須存動態認知，以追上持續在

4　如 A. Boin, B. Sundelius and E. Stern, *The Politics of Crisis Management: Public Leadership Under Pressure,* Cambridge: Cambridge University Press, 2016.

變的形勢，不看輕任何風吹草動，但當然須求實證而非信口開河。危機下不低估任何變數或事故，但同時緊記危機下的恐慌導致群體效應，就像電影院呼叫火災般，往往乃危機惡化變質之因，使病疫危機變成更大的社會安全或經濟危機，最終釀成全面的管治危機和政治風暴。因此，上文所述的危機溝通和論述尤其重要。

為此，作為政治及政府領導，必須重視風險意識和危機管理，及早在機構系統內建立長期性的風險文化和危機應變機制，並配合以資訊數據預警系統，使不致臨急抱佛腳，遇到危機即失去方寸，進退失據，甚至造成無法挽回的人為災難。

危機考驗治理與領導力

公共治理研究一直指出，危機管理與公共治理能量（governance capacity）和管治正當性／認受性（governance legitimacy）息息相關。[5] 當中又涉及組織能量之建立、公共資源（人力、物力、財力、資訊）的調度及協調統籌，以及處理公眾對政府應急應變措施的感受和信任度，使減少阻力，增強助力。公共行政學術界常指社會上存有 "wicked problem"（棘手問題），意指一些極為複雜困難，甚或不可能解決的問題，因為它們並不完整、充滿矛盾、不斷變化，且往往難以識別或定義，而且試圖解決棘手問題的行動或方法有可能產生其他問題。新冠病疫屬於超級棘手問題（super wicked problem），可能終生才一遇，但一旦發生，衝擊之大和遺害之烈，超出尋常所料。以有限之已知去應對充滿不確定性和不斷異變的問題，自然容易陷入被動和後知後覺之中。

新冠疫情在在考驗各國各地的危機治理能量和危機領導力，若處理失當，落後於形勢和民情，有時須付出沉重的政治代價。政治和公共服務領

5　見 P. Lægreid and L.H. Rykkja eds., *Societal Security and Crisis Management: Governance Capacity and Legitimacy*, London: Palgrave Macmillan, 2019.

導層作為決策者，處身這種超級棘手問題，面對五大挑戰：[6] 一、如何在急速變化的情境中偵測將來臨的種種問題；二、以有限和往往極為不足的資訊去把動態的威脅定性定義；三、要作出生死攸關的重大決定；四、把握好戰略性協調的藝術；五、把惶惶不安的廣大公眾及充滿戒心的工作人員爭取過來，使成為應對措施之助力。歐盟委員會（European Commission）委託的 HERoS — Health Emergency Response in Interconnected Systems（「互聯系統之衛生緊急事故回應」計劃）研究改善回應新冠的效率與效益，其 2020年 8 月 30 日報告主張採取「全社會」（whole of society）的危機管治策略，在互聯互賴（interconnectedness and interdependencies）前提下，重點在於有效的跨界合作統籌、能量和網絡建設，以及營造信任關係。

按知名公共行政學者胡德（Christopher Hood）的「NATO」模式，[7] 任何一個政府的施政工具箱皆存在四大類型手段，以對社會環境實施果效影響，或反過來偵收信息和社會反應（to effect and detect），即：一、Nodality（資訊手段），但視乎政府的公信力及其運用信息宣傳和媒體的成效，包括有效的溝通力、論述力和善用新媒體／社交媒體，以感召民眾、爭取認同、改變行為及動員力量；二、Authority（權力手段），但視乎政府的正當性，公權力的獲取要得到公眾的認受和政治上的認可（如立法程序），也會受到制衡，而且行使公權力涉及執行，其成效要看公眾是否尊重及遵從公權力之要求或規限，不作出種種抗拒或抵制行為；三、Treasure（財政手段），透過派發金錢利益（如資助補貼）或實施金錢懲罰（如罰款收費），作為誘因或反誘因去影響個人和組織行為，以配合政府目標，但前者有賴政府的財政資源能力，後者往往涉及立法和執行效力；以及四、Organization（組織手段），指動員組織性力量（如警察等部門），去強制民眾遵從政府的要求，但視乎政府的人力資源能力及組織效率，若民情不順，強制實行或會引起社會和政治反彈，不利於穩定。

---

6   A. Boin, A. McConnell and P. 't Hart, "Leading in a Crisis: Strategic crisis leadership during the Covid-19 pandemic", *ANZSOG*, The Australia and New Zealand School of Government, Carlton, Victoria, Australia, 27 March 2020.

7   Christopher C. Hood, *The Tools of Government*, London: Palgrave Macmillan, 1983.

　　四大類手段中，原則上以資訊手段成本最低，擾民性最小；權力手段主要靠遵從文化，資源成本較低，但因涉及規管行為而有擾民性；財政手段若耗用金錢利誘，資源成本自然高，但擾民性相對低，至於以徵費罰款為反利誘則作另論；組織手段不但成本高，官僚耗力密集，又同時最擾民，一般不應常用。在今次新冠大疫中，各國各地政府均有動用上述四大類不同手段，但箇中如何拼合及相對力度強弱，端視乎不同政府的權勢、應對策略、民情政情處境、施政傳統和風格；如中國的舉國作戰形態跟英國初期的相對被動便成鮮明對比（見第五章和第七章）。

　　抗疫表現和成效參差，更跟危機意識、風險文化和機制、臨危準備、情況掌握和判斷，以及應對挑戰的能量強弱有關，當然還受其管治體制（如聯邦制 vs 單一制或中央集權政體），以及政治生態和文化因素所影響。危機的張力可大可小，連鎖反應可造成更多更廣的衝擊，必會反映於現實政治，具體而言乃 "blame and shame"（責備和羞恥）的政治，即追究和譴責，過程上誰該負責、誰乃罪魁禍首的質疑，有時演變成推卸責任甚至獵巫的遊戲，加深政治鬥爭的險惡，致出現 make or break government（論定成敗）之窘境，陷政府於不成則敗之關頭，所謂成也疫情，敗也疫情也。2020 年 3 月 16 日，美國政論新聞 *Politico* 便直言：大疫盡顯不少政府的「無能」（incompetence），首個新冠受害者乃「領導力」。

成也疫情，敗也疫情

　　若能危中轉逆為順，便成勝者，反之亦然；因而也見一些抗疫失敗的政治領袖，動輒諉過於他人他國，美國前總統特朗普大肆攻擊中國「輸出」冠毒，結合日益偏激排外排華的「白人至上」極右民粹主義，製造新黃禍陰謀論，乃當中表表者。反過來，2019 年 12 月至 2020 年 1 月武漢爆疫，令中國政府一度十分狼狽，且因傳出隱瞞、延遲上報（見第二章），受到國內外嚴厲批評，但很快便動用舉國之力，全面而迅速地扭轉疫情，堵截傳播，讓生產及其他經濟活動復常。如此果斷「清零」的策略，曾為中國贏得成功抗疫的國際美譽，而國家主席習近平當時在危機處理上展現

的決心和領導力，有助鞏固他在中共黨內的政治地位和國內民望，屬於典型的化危為機的事例。

在美國，共和黨極右派支持者曾質疑新冠病毒威脅乃「誇大的騙局」（an overblown hoax）。2020 年 11 月，特朗普以小差距輸掉總統選舉，無法連任，一般評論歸究於其治疫缺失，讓屬於世界一級醫療水平的強國淪陷於冠毒，成為全球重災區之一；其競選連任時的一位顧問在新冠早段便告訴他，新冠病毒乃唯一可拿掉其總統寶座者（"Sir, regardless, this [coronavirus] is coming. It's the only thing that could take down your presidency"），最後他的確敗於冠疫。[8] 至 2022 年 8 月底，美國因新冠病疫致死的人數竟超過 104 萬，相對於常受美國鞭韃譏笑的中國（內地）之 5,220 多宗死亡個案，美國人民情何以堪？

2020 年 10 月，新西蘭時任總理阿德恩（Jacinda Arden）領導工黨壓倒性贏得國會大選，強勢連任，前所罕見，靠的是其廣被稱許的「強過、早過」（"go hard, go early"）抗疫政策，是年不惜兩次「封國」（national lockdown），使新西蘭的控疫成績長居國際前列。新加坡和韓國同樣在 2020 年新冠威脅下舉行國會大選，兩國執政黨皆以相對穩定的大多數贏得選舉，未見受疫情牽連，事實上兩國當時在抗疫上屬表現出色（詳見第六章）。2020 年 8 月，日本時任首相安倍晉三請辭，有指他領導抗疫不力，其繼任者菅義偉初期表現尚好，惟一年後於 2021 年 9 月卻從自民黨總裁及首相位下台，皆因抗疫後勁不繼（包括舉行東京奧運被指加速疫情擴散），大失民望。

澳洲 2022 年 5 月改選國會，時任總理莫里森（Scott Morrison）領導的自由黨／國家黨聯盟大敗，一般歸因於選民對他能力的不滿，政治上最初始於 2019 年末叢林大火一役的失策及迴避危機，本來 2020 年果斷應付新冠病疫及推出保就業措施，曾扳回一城，但疫情持續下，長時間的封關導

8　N. Korecki, A. Isenstadt, A. Kumar, G. Orr, C. Cadelago and M. Caputo, "Elections: Inside Donald Trump's 2020 undoing", *Politico*, Arlington County, Virginia, US, 7 November 2020, https://www.politico.com/news/2020/11/07/this-f-ing-virus-inside-donald-trumps-2020-undoing-434716.

致滯外澳人長期不能回國，且限聚封城破壞生活、疫苗初期供應混亂，引起民情反彈，再加上處理其他事件不濟，使他最終成為政治負資產。英國首相約翰遜（Boris Johnson）領導保守黨，於 2018 年國會大選借解決「脫歐」困局獲壓倒性勝利，似成強勢領袖，但其治下英國疫情惡化，與美國齊名為西方發達國家中之重災區，被貶「歐洲病夫」（見第七章），且因約翰遜違反自己政府制定限聚規定的「派對門」（party-gate）事件，大受朝野抨擊，聲望日挫，最後於 2022 年 7 月再因他就保守黨副黨鞭平徹（Chris Pincher）性侵醜聞說謊觸發誠信危機，被大批閣員離棄，終而宣佈請辭。[9]

抗疫的科學及社會信任

科學論證和社會信任，原則上對政府領導抗疫及制定準確到位的策略，應至為關鍵，但也不能絕對化視之。面對大流行病疫，一般以為應由醫學專家主導決策，一切以科學論證為本。現實上，新冠疫情中，多國政府首長和內閣跟其主要醫學或衛生顧問多所摩擦，在抗疫決策上時有張力，最為嚴重的莫過於時任美國總統特朗普公開否定及奚落擔任其白宮冠毒專責小組主要成員的美國國家過敏和傳染病研究所（National Institute of Allergy and Infectious Diseases）所長福奇（Anthony Fauci），並曾聲稱要把他解僱。根據影響力大的《公共衛生前沿》學術期刊（*Frontiers in Public Health*）於 2020 年 5 至 6 月對超過 25,000 位研究員的調查，大多認為決策者在抗疫措施上未充分吸納科學意見，認同（同意及強烈同意）當地決策者肯聽科學意見者，最高者乃新西蘭（77%）、希臘（76%）、中國（71%）和阿根廷（70%），最低者乃美國（18%），其次是智利（22%）、巴西（23%）和英國（24%）。[10]

病疫危機從來不單是一個醫療衛生問題，也同時造成社會民生及經濟

9　　本書定稿時，英國保守黨黨員尚在票選黨魁中。

10　　Frontiers in Public Health, *The academic response to COVID-19: A Survey Report*, Lausanne, October 2020, file:///C:/Users/blche/Downloads/fpubh-08-621563.pdf.

政治爭議，故不能期望醫學專家為政府解決經濟或政治問題。政府重視、市民信賴專家意見，但專家或會意見不一，最終還需要由政府去作權威性決定。公共政策學強調「實證為本」（evidence based），但實際決策既不是由專家主導，也難一切聽從專家，因為危機就是政治，決策考量須多面向，在不同目的和利益之間尋求最優（optimal）平衡，既有科學也是藝術。[11] 公共決策須同時針對公眾情緒和偏見、不同社群利益和價值、成本效益，以至形形色色的大小政治，因而決策過程中往往多聲道、互相撞碰，專家意見只能是其中一個考慮元素，有時甚至並非最關鍵者。

　　曾有學者總結澳洲過去應對傳染病疫的經驗，指出政府及從政者不應退縮，過分依靠醫生們站在前台去解說，因為「他們（指醫生）罕有明瞭普羅百姓如何回應疫情威脅、如何看待風險及受身邊的人所影響，以及媒體怎樣報道信息」（"Rarely did they understand how ordinary people respond to such threats, how they regard risk and are influenced by the people around them and how the media presents information"）。[12] 換句話説，專家容易「離地」，不明民情，但政府及政治人的本業理應掌握民情，知民所思所急，一旦政府躲在專家背後，又或只進行冷冰的辦公室內「行政決策」，只看程序和數字而漠視在地的情況和情緒，則危機管理自然會脫離民眾，落後於形勢的風險便大。

　　更為重要的是，像新冠病毒般的「超級棘手問題」，疫情時刻在變，但客觀數據資訊卻有限，連專家們也難下準確判斷，有時依賴傳統智慧，有時摸着石頭過河，以致出現不同甚至互為矛盾的專家論斷。無論如何，最後政府還得給出一個決定，不能推遲或推卸責任，因為政府之所以為政府，就是去做取捨，行使公權力作公共決策，所謂 "the buck stops here" 也（美國故總統杜魯門［Harry Truman］名言，責無旁貸之意）。

　　官民合作好成事，社會上互信高，對政府愈信任，則紛爭會愈少，愈

11　如見：A. Wesselink, H. Colebatch and W. Pearce, "Evidence and policy: discourses, meanings and practices", *Policy Sciences*, Vol. 47, No. 4, 2014, pp. 339-344.

12　P. Curson, *Deadly encounters: how infectious disease helped shape Australia*, Suffolk, UK: Arena Books, 2015.

能合力同行迎戰病疫威脅。然而，進入二十一世紀，社會信任變得可遇而不可求，全球似陷入「不信仕」時代。按國際公關公司愛得曼信任度測計表（Edelman Trust Barometer）近年調查所得，全球信任度持續下降，2021年的調查（反映 2020 年疫情早初肆虐階段）竟發現，分別有 57%、56% 及 59% 回應者認為政府領袖、商界領袖和媒體在說假話、誤導人們！[13] 2022年的調查形容「不信任」已成為當今社會的潛在／既定情緒反應（default emotion），近六成持此傾向，而視政府較商界及非政府組織（NGO）為無能者，竟達 53 及 44 點子。[14] 雖然人們仍要求政府應對重大挑戰，但是只有四成相信政府能幹事及幹成事。

　　各國之間，公眾信任度差距很大，如中國（內地）最高（九成），印尼、印度和新加坡次之（皆為七成多），皆屬亞洲國家，美國及一些歐洲國家如英國、西班牙及俄羅斯等徘徊於四成上下，日本和韓國也相若。諷刺的是低信任度者多為典型西方民主政體，這是否反映民主體制的缺陷和墮落？還是存疑與低信任乃現代民主的必然民情表現？社會信任不足已成為不少政府面對的現實基本盤，並須由此作起點去推展富爭議性的政策舉措，因而更依靠管治能力的其他可控方面，如決策質素、執行力、預警應變，以及溝通論述能力等。

　　而且，社會信任不必然與治理成效存正比關係，在新冠抗疫中高信任國家也表現參差（如中國 vs 印度、新加坡 vs 印尼），而香港雖經歷 2019年政治動亂，處於社會對政府信任低谷中迎戰疫情，不過直至 2022 年初第五波爆發前，其抗疫成績斐然，甚至有一段時期勝過高信任度的新加坡，看來全賴其既有治理制度和防疫機制的相對韌性，以及政府與市民皆認真回應危機（詳見本書第三部分討論）。

13　Edelman, *Edelman Trust Barometer 2021*, Chicago, 13 January 2021, https://www.edelman.com/sites/g/files/aatuss191/files/2021-03/2021%20Edelman%20Trust%20Barometer.pdf.

14　Edelman, *2022 Edelman Trust Barometer: The Cycle of Distrust*, Chicago, 25 January 2022, https://www.edelman.com/sites/g/files/aatuss191/files/2022-01/2022%20Edelman%20Trust%20Barometer%20FINAL_Jan25.pdf.

第二部分

國際抗疫比較

第四章

國際抗疫比較：怎樣疫變？比較什麼？

本書第二部分，先就疫情和抗疫作國際比較，才進入第三部分討論香港的應變策略和表現，並總結經驗。

從新冠疫情爆發一開始，亞洲特別是東亞國家的應對及表現便優於歐美，當中一個原因是這些國家深受 2003 年 SARS 之痛，之後尤其對流行病毒抱有警戒，並曾大力改革本國或本區的檢疫監測制度、防疫流程和預警機制，加大對公共衛生及醫療的資源投放，強化防護和抗疫工作的指揮系統，而其社會也因對過去病疫危機之記憶而與政府配合，形成某種「社會契約」，於是一旦爆發疫情，政府及醫衛防疫系統能反應快、動員力強，而且人民也普遍具備風險意識，肯以大局為重。

英國 BBC 新聞於 2020 年 3 月時曾分析報道，[1] 東亞對新冠的較佳反應，提供六大啟示：一、視疫以嚴、抗疫以快；二、擴大檢測、人人可負擔；三、追蹤及隔離；四、盡早社交距離；五、讓公眾知情以爭取支持；及六、民眾的個人態度最為關鍵。2020 年 3 月 13 日《時代》周刊（Time）一篇報道的標題，也是「怎樣學習新加坡、台灣和香港」。不是所有國家和地區都存在能及時並進取地應付疫情的醫衛體制、防疫機制和民情，因此各國各地反應不一、抗疫成效參差，當中有果斷行動的「領先者」，也有猶豫甚至初期放任的「滯後者」。疫情持續至今快近三年，過程中策略和成效也見調整與變化，且危機的挑戰重點前後亦有不同，所以，要就國際上的抗疫模式和表現作出比較，先問：究竟比較什麼？

---

1   H. Cheung, "Coronavirus: What could the West learn from Asia?", *BBC News*, London, 21 March 2020.

國際抗疫應對和成效比較

首先，要承認疫情持續下的「應變」之道，乃屬愈來愈複雜的多層面、多向度的工程，既要遏阻病毒輸入、傳播擴散，又要顧及對經濟民生的影響；既要保生命，也要保生計；既要實行緊急非常態措施，又要盡快讓生活復常。再加以各國各地的制度、民情和政情有異，受到疫情衝擊及新冠變種病毒所產生的挑戰不一，特別是早階段（2020 年）、次階段（2021 年）和現階段（2022 年）所面對的問題和優次考慮不盡一致，因此要作出全面而客觀適切的國際比較，殊不容易。儘管如此，一些哪怕是局部或不完整的比較，還是可以的，有助疏理脈絡，啟迪檢討思考。

大抵而言，評估疫情最直接的指標有二：確診率（反映傳播和感染速度及程度）和致死率（反映控疫和治療能力）；兩者綜合反映整體抗疫策略成效及醫護系統的容量和效能。表 4.1、表 4.2 和表 4.3 展示三個不同階段一些國家和地區的疫情變化，並附以當時它們各自採取抗疫策略的主要方向，以窺知其成效得失的粗略情況。之後各章會再進一步分析。

抗疫的領先者皆從嚴屬圍堵策略開始，表現最突出者包括中國內地、香港、台灣，以及韓國、新加坡、日本、越南、澳洲及新西蘭等國家和地區（詳見第五、六、七章及第三部分），不過在不同階段也見調整轉變。滯後者有早期迷信群體免疫者，因其政治和策略偏見而處於被動，顯例包括英國、美國和個別北歐國家（第七章）。歐陸其他國家採取不同程度的混合模式，如意大利、法國、德國、荷蘭等（第八章）；而意大利更率先效法中國，於 2020 年 3 月便對部分區域實施封城措施。其他一些國家如俄羅斯、印度、南非及巴西等歐亞非和南美國家（第八章），反應積極性參差，因應不同階段疫情變化而調整策略。每一個國家都有其較為獨特的國情、制度特色、條件制約，以至主政者風格，不宜一概而論。

新冠病毒肆虐人類社會之凌厲，相信鮮人質疑。須要指出，隨着疫情持續，新冠病毒漸成風土病化，感染傳播似難避免，當然確診病例數字多少仍一定程度上反映防疫手段的成效，如每天新增確診以萬計跟只有幾百

表 4.1　　2020 年一些國家及地區的累積確診率和累積致死率

		確診率（每 100 萬人口）		致死率（每 100 萬人口）		抗疫策略主要方向
		2020 年 3 月 31 日	2020 年 12 月 31 日	2020 年 3 月 31 日	2020 年 12 月 31 日	
中國	內地	58.26	65.70	2.32	3.25	果斷清零、恢復生產：全員檢測、封城、醫護軍民總動員
	香港	90.73	1,180.32	0.53	19.75	圍堵、封關、「張弛有度」、不全民強檢
	台灣	13.49	33.49	0.21	0.29	封關、隔離追蹤、清零目標、重點在預防
新加坡		169.80	10,745.01	0.55	5.32	圍堵政策＋「斷路」防控措施
日本		18.10	1,891.86	0.54	28.02	軟性防控疫、靠國民自覺自律
韓國		188.81	1,191.76	3.13	17.69	3T 嚴謹（testing, tracing, treatment, 檢測、追蹤、治療）
澳洲		175.88	1,096.60	0.69	35.07	積極遏阻、管制外出及營業、封城
新西蘭		126.13	421.46	0.20	5.07	圍堵、封關、封城
英國		573.68	37,035.54	36.50	1,093.46	早期欲求群體免疫，後緊控措施、局部封城
法國		774.66	39,463.02	52.30	958.80	關閉邊境、收緊檢疫、宵禁、兩輪全國性封城
德國		742.29	20,618.23	6.99	396.49	封關檢疫、輕度封城
荷蘭		778.21	46,088.11	59.37	654.74	傾向紓緩政策、一度提出群體免疫，後採取「聰明封鎖」
意大利		1,785.81	35,569.79	209.79	1,251.83	傾向紓緩政策，後急施限制、區域性封城
丹麥		488.54	27,924.89	15.37	221.72	防範原則抗疫、後停課限聚、封關、封城
瑞典		461.83	41,786.08	36.78	833.76	初求群體免疫、疏於抗疫、望人民自覺自發
美國		569.97	59,915.22	15.90	1,038.40	漠視疫情、未作防範、蔑視科學與專家
俄羅斯		16.11	21,552.64	0.12	387.80	限制邊境出入、類封城措施
印度		0.99	7,308.16	0.03	105.85	感染蔓延各邦才擴大檢測、實施全國性封城
巴西		26.67	35,838.04	0.94	910.16	陰謀論看待新冠病毒、靠群體免疫
南非		22.78	17,799.64	0.08	479.34	進入災害狀態、強硬圍堵，全國性封城

資料來源：數字來自 Our World in Data

表 4.2　　2021 年一些國家及地區的累積確診率和累積致死率

		確診率（每 100 萬人口）		致死率（每 100 萬人口）		抗疫策略主要方向
		2021 年 6 月 30 日	2021 年 12 月 31 日	2021 年 6 月 30 日	2021 年 12 月 31 日	
中國	內地	71.25	80.77	3.25	3.25	動態清零：外防輸入、內防擴散；大規模接種疫苗
	香港	1,590.88	1,687.75	28.15	28.42	外防輸入，內防擴散；遇感染按小區及大廈圍封強檢
	台灣	620.46	713.71	27.16	35.63	5 月爆本土疫情，收緊社區控疫及入境限制；接種疫苗但落後
新加坡		11,474.81	51,233.13	6.60	151.83	全民接種疫苗、後防疫措施逐步鬆綁
日本		6,416.55	13,901.46	118.63	147.57	入境核酸檢驗及居家隔離、非常事態措施
韓國		3,043.07	12,256.44	38.99	108.53	3T ＋全民接種疫苗
澳洲		1,182.16	16,415.05	35.11	86.92	接種疫苗但落後、7 月宣佈四階段回常
新西蘭		534.53	2,752.19	5.46	9.36	全民接種疫苗、10 月表示接受病毒難滅
英國		71,420.37	192,694.55	1,905.83	2,210.68	接種疫苗；7 月取消管制，回復依賴群體免疫（但疫情反彈）
法國		86,289.15	148,586.83	1,647.98	1,836.27	接種疫苗、推出健康通行證
德國		44,697.35	85,727.68	1,089.52	1,341.89	接種疫苗、傾向不重新收緊限制
荷蘭		96,473.11	180,183.22	1,015.79	1,199.83	接種疫苗、撤限—收緊反覆；後放寬限制、邁向與病毒共存
意大利		71,908.93	103,403.93	2,153.36	2,319.40	收緊—放寬反覆循環
丹麥		50,164.84	137,062.54	432.85	558.06	收緊—放寬反覆循環
瑞典		104,134.89	125,611.14	1,397.62	1,462.68	營業和活動限制；6 月，推出五步撤消限制復常方案
美國		100,226.95	162,717.30	1,782.49	2,448.31	抗疫未能全國一心、聯邦與州分互相推責、司法介入
俄羅斯		37,556.79	71,124.80	916.41	2,085.91	接種疫苗但緩慢、10 月全國加快篩檢、實施局部封城
印度		21,605.87	24,767.32	283.80	342.07	防控限制、緊急實施全國性封城
巴西		86,645.00	104,008.92	2,419.15	2,889.68	防控力度有限、接種疫苗但幾度蹉跎
南非		33,236.18	58,227.89	1,021.13	1,534.63	封城嚴重經濟影響，年底撤消宵禁

資料來源：數字來自 Our World in Data

表 4.3   2022 年一些國家及地區的累積確診率和累積致死率

		確診率 (每 100 萬人口)		致死率 (每 100 萬人口)		抗疫策略主要方向
		2022 年 3 月 31 日	2022 年 8 月 31 日	2022 年 3 月 31 日	2022 年 8 月 31 日	
中國	內地	159.90	670.80	3.25	3.67	動態清零：外防輸入、內防反彈；穩住經濟
	香港	154,433.64	205,589.03	1,044.09	1,292.93	減少重症及死亡為先；風險可控下維護民生和經濟競爭力、逐步放寬入境檢疫
	台灣	980.47	222,466.41	35.75	415.51	進入「經濟防疫」、走向與病毒共存
新加坡		201,046.65	337,253.19	232.51	291.92	「冠疫復元」：經濟復元、生活回常、與病毒共存
日本		52,607.75	152,069.72	225.66	320.50	恢復國際通關、重振經濟、與病毒共存
韓國		258,070.27	450,083.63	320.08	518.54	重開國境、生活回常、重振經濟、與病毒共存
澳洲		176,422.60	387,409.69	231.78	538.60	重開國境、生活回常、重振經濟、與病毒共存
新西蘭		131,139.90	339,792.28	71.15	371.95	重開國境、生活回常、重振經濟、與病毒共存
英國		315,334.57	349,605.06	2,460.28	3,051.20	撤消限制、與病毒共存
法國		380,709.21	513,057.76	2,111.21	2,286.52	撤消限制、與病毒共存
德國		256,054.01	385,866.34	1,555.09	1,768.33	撤消限制、與病毒共存
荷蘭		449,613.63	479,783.50	1,261.19	1,296.27	撤消限制、與病毒共存
意大利		247,168.68	369,136.31	2,690.45	2,964.11	生活回常、重振經濟、與病毒共存
丹麥		522,488.49	559,116.98	973.31	1,182.56	撤消限制、與病毒共存
瑞典		237,683.09	244,998.49	1,754.55	1,892.60	撤消限制、與病毒共存
美國		237,907.89	280,512.73	2,916.32	3,104.60	社會復常、取消入境及內部限制、與病毒共存、
俄羅斯		121,176.96	132,627.72	2,490.29	2,595.11	不再實施全國性封城、市州區按各地疫情作出限制應對
印度		30,567.55	31,569.68	370.27	375.05	接種疫苗、逐步鬆綁、重開社會，接受與病毒共存
巴西		139,748.04	160,642.28	3,079.52	3,191.2	接種疫苗有所改善、抗疫力度不振
南非		62,616.80	67,549.84	1,684.26	1,718.81	接種疫苗、逐步鬆綁、重開社會，接受與病毒共存

資料來源：數字來自 Our World in Data

例，大有分別，對之的危機警覺不應一樣。但衡量病疫帶來的健康生命威
脅，最終看重症率（因加重住院壓力及易致併發）和死亡率，而重要指標
是致死率。全球而言，死亡按各國貧富而分佈不均，據世衛組織統計，
2020 及 2021 兩年間，承受致死率最高者乃貧窮和發展中國家，比發達（及
富裕）國家為甚，後者儘管高齡人口比例較高因而重症及死亡風險增加，
但卻能佔用最多並最好的抗疫救生供應物資，包括疫苗、抗毒治療，甚至
外科口罩、測試套、快測包等。

　　由於死亡往往也涉及一些其他病患因素，因此世衛組織針對比平常多
出的「超額死亡」（excess deaths）個案數字。[2] 大多數超額死亡（84%）集中
在歐洲、美洲和東南亞。在 2020、2021 兩年共 1,490 萬例超額死亡中，中
等收入國家佔 81%（中等偏下收入國家 53%，中等偏高收入國家 28%），
而高收入和低收入國家分別佔 15% 和 4%。中國內地的極低致死率乃中等
收入國家中之顯著例外。有 20 個國家合佔全球人口之一半，卻佔全球超
額死亡的八成以上，它們是：巴西、哥倫比亞、埃及、德國、印度、印
尼、伊朗、義大利、墨西哥、尼日利亞、巴基斯坦、秘魯、菲律賓、波
蘭、俄羅斯、南非、英國、美國、土耳其和烏克蘭。

　　英國牛津大學的「政府抗疫應對措施追蹤」（Oxford COVID-19
Government Response Tracker, OxCGRT），以四大領域共 23 項指標，去追蹤
超過 180 個國家和地區的政府應對措施，包括：圍堵及封閉政策上的停學
停業、限制群聚和流動措施；經濟政策上的收入支援、財政手段和外援救
濟措施；衛生政策上的公共宣傳、檢測監察、佩戴口罩、接觸追蹤和醫衛
應急投放等；以及疫苗政策上的優次安排、合資格群組和費用負擔等。
Our World in Data 網站所列的 COVID-19 Stringency Index（「新冠抗疫嚴謹指

2　超額死亡人數的計算方法是，以前幾年的資料為依據，計算已經發生的死亡人數與在沒有大流行情況
　下預期的死亡人數之間的差額。超額死亡數包括與新冠病毒直接（由於疾病）或間接（由於大流行對
　衛生系統和社會的影響）相關的死亡。https://www.who.int/zh/news/item/05-05-2022-14.9-million-
　excess-deaths-were-associated-with-the-covid-19-pandemic-in-2020-and-2021.

數」)³,展示防控疫措施的嚴謹程度。整體而言,各地遇嚴重疫情時多收緊限制,而中國內地在這指數上長期相對高企。表 4.4 展示若干國家(中國、新加坡、澳州,英國、德國、美國)在不同時間點的表現,以作對比參考。

表 4.4　新冠抗疫嚴謹指數若干國家比較
　　　　(100= 最高,以接種疫苗和未接種疫苗的加權平均值言)

	2020 年 3 月 31 日	2020 年 6 月 30 日	2020 年 12 月 31 日	2021 年 3 月 31 日
中國(內地)	73.61	78.24	78.24	44.44
新加坡	36.11	50.93	45.37	50.93
澳洲	71.30	68.98	70.83	46.76
英國	79.63	71.30	79.63	70.37
德國	76.85	63.43	82.41	75.00
美國	72.69	68.98	71.76	55.50
	2021 年 6 月 30 日	2021 年 9 月 30 日	2022 年 3 月 31 日	2022 年 8 月 31 日 *
中國(內地)	74.54	76.39	73.61	73.61
新加坡	54.63	47.56	46.52	28.08
澳洲	68.06	71.76	42.54	11.11
英國	51.39	41.20	20.37	11.11
德國	67.59	46.30	43.25	14.81
美國	58.85	52.30	29.93	32.62

資料來源:Our World in Data, https://ourworldindata.org/covid-stringency-index.(＊ 當時最新數字)

　　一些國際新冠評比排名不單看上述以感染確診率和致死率所反映的疫情,也包括其他因素,因而不同國家和地區的名次在過去兩年多上落可以很大,甚至出現一些疫情嚴重者被排得很高,疫情較輕者反而滯後的情況。國際媒體常引用的「彭博新冠復元排名」(Bloomberg Covid Resilience Ranking)對全球較大的 53 個經濟體在防控疫情及減少對社會和經濟干擾

3　有關指數綜合了九組「回應指標」(response metrics),包括:關閉學校、關閉工作場所、取消公眾盛事、限制公眾聚集、停運公共交通、居家規定、公共信息運動、限制內部流動,以及管制國際旅遊。

的表現作出綜合評估，考慮 11 項數據指標，包括：一個月每 10 萬人口確診率、一個月每 10 萬人口致死率、每百萬人口累積死亡總數、檢測呈陽率、疫苗獲取狀況、每 100 人接種率、封城嚴重性、社區流動性、GDP 增長預測、普及醫療之覆蓋面，以及人類發展指數等。

　　疫發一年後，2021 年 1 月獲「彭博新冠復元排名」評為全球表現最佳之五大國家或地區是（依次）：新西蘭、新加坡、澳洲、台灣及中國內地，隨後為挪威、芬蘭、日本、香港和越南；至 5 月，台灣和日本跌出十大，加入以色列和韓國。由於疫苗接種及封城封區的限制日益影響排名，2021 年 7 月時，挪威和瑞士躍居冠亞，而美國及歐洲如奧地利、法國和比利時等高確診、高死亡之國家，竟都納入十大，亞洲唯一保持十大的國家和地區只剩下中國內地，而新加坡、澳洲和香港等控疫較佳者被降至第 11、28 及 30 位；至 2021 年 10 月底，亞洲所有防控疫出色的國家和地區竟全入不了十大，引來不少非議。到 2022 年 1 月，新加坡、台灣及韓國才重返十大；2022 年 8 月本書定稿時，彭博指數（6 月底）的十大依次是：韓國（唯一亞洲國家）、阿聯酋、愛爾蘭、挪威、沙地阿拉伯、丹麥、加拿大、荷蘭、澳洲及土耳其。

　　另一國際評估排名為「日經亞洲新冠復蘇指數」（Nikkei Asia COVID-19 Recovery Index）。它於 2021 年 8 月評中國（內地）第 1，匈牙利次之，十大中的已發展國家還有丹麥和葡萄牙，餘皆發展中國家。2021 年 10 月，阿聯酋、馬耳他、智利被評為前三位，亞洲進入十大者只有日本（第 6 位）和中國（內地）（由第 1 跌至第 8 位）；2022 年 2 月時，台灣居首，之後依次為柬埔寨、阿聯酋、中國內地和愛爾蘭，而亞洲另一進入十大者為馬來西亞（第 10 位）。至 2022 年 8 月，其十大有點面目全非，依次乃：巴林、柬埔寨、葡萄牙、越南、阿聯酋、卡塔爾及盧旺達（雙第 6 名）、馬爾他、多米尼加、厄瓜多爾、烏拉圭（後三者同列第 9 名）。由於評比的標準多樣，比重不一，存在互相矛盾，例如防控疫嚴厲必然影響社會及經濟活動，致彭博與日經的指數有時產生令人摸不着頭腦的排名結果，因而也削弱其對抗疫工作和策略可起的評核及啟示作用。

抗疫策略演進及政策取捨

各國各地制定的防控疫策略，基本上反映各自不同的應對思維和危機認知、不同的醫學判斷、不同的資源條件、不同的制度文化和體質，從而得出不同的手段組合。政情民情、國際經驗、政策學習與政策轉移，以及抗疫之轉折反覆過程，在在影響兩年多期間不同階段的抗疫政策重點，由早期着重檢測監察與追蹤、隔離與社交距離，至封關封區封城，再至疫苗與治療。病毒在異變，對策和論述也在變：從早階段的醫衛考量至上，至後階段的經濟復元優先。

各地情緒及抗疫力度不同，因而民情政情反應有異；一些措施在某國可行，不等於他國能貿然照做，成效亦也許並不一樣。社交距離、限聚禁足、限制酒吧食肆營業，以至封區封城，引起不同程度的爭議。封城成本高，持續代價大（執行成本、經濟代價、民情反彈），維持愈久、覆蓋面愈廣，則爭議愈大，在不少國家導致大型公眾抗議，如意大利、西班牙、荷蘭、以色列、英國、美國甚至澳洲和新西蘭等；相對而言，亞洲少見抗議。甚至強制檢測及疫苗接種，乃為人們健康安全着想，有利於復業回常，也同樣引起示威抗議和法律挑戰，有時沒完沒了。

綜合而言，各國政府均不同程度上面對下列各種決策上的挑戰：

（1）如何在嚴厲遏制和較溫和（即擾民較輕）的紓緩策略之間取捨，以求恰當平衡；因而早期歐美政府顯得被動，有些鼓吹「群體免疫」策略，等待發展疫苗和治療方案。

（2）科學研判與政治考量之間的爭持，而政治方面更滲入了黨派之爭、國際地緣政治角力，甚至有把疫情「武器化」（如美國以此攻擊及醜化中國）。

（3）在應對疫情時如何妥善處理民情不安及社會恐慌，既不減低危機警覺，但又不造成過分恐慌，致影響抗疫實效。不過要做到分寸適中，有時知易行難；對於反限制反疫苗的所謂陰謀論派的攻擊，歐美澳國家也顯得束手無策。

（4）如何評估及平衡各項堵截控疫措施對社會不同年齡、階層、工種

和行業界別的影響，尤其是貧 vs 富、居家 vs 上班上課，以及室內 vs 室外工作人員。

（5）如何處理疫情衍生的歧視和種族偏見問題，如新冠疫情初期歐美社會存在視新冠為亞洲病毒、對黃種人產生不安的現象，又或後來各地受感染者及病癒者遭受一些鄰居或同事歧視的情況；受封區封城措施打擊的民眾，也會把怨憤發泄在區內確診者和前線防護人員身上。

（6）如何吸納和平衡不同及有時顯得矛盾的專家意見，當中一些可能導致公眾敏感不惑。

（7）如何平衡防控疫措施帶來對醫護系統容量的消耗與衝擊，如何做好擴容準備，以防止產生超負荷而波及因其他疾患而急需治療者；疫情愈持續下去，則尤有應變預案之需要。

（8）如何在社交距離及封區封城等內防擴散措施，與公眾抗拒及疲勞恐慌反應之間，尋求合乎抗疫需要並照顧整體民情的取捨平衡。

（9）如何在暫停處所開放和食肆店舖營業以減少人群流動接觸，與盡量維持社會和經濟活動如常之間，保持適度平衡。

（10）如何在疫情持續不下的前提下，同步應付疫情危機及日漸迫在眉睫的社會和經濟危機，即既保生命也保生計。

觀乎不同國家和地區的抗疫成效，表現出色者往往跟其政府領導有方、果斷治疫有關。其他配合因素還有政府和醫護系統的運作效率及執行力，以及能否善用高端資訊科技，包括大數據分析和電子（數碼）追蹤應用程式（digital contact tracing, DCT app）。中國內地和台灣，以及韓國和新加坡等在疫情初期迅速偵察及控制疫情，全賴廣泛使用先進的 DCT 及其他數碼工具（如中國內地的健康碼）。當然 DCT 的應用成效，既視乎數碼科技之普及程度（如長者雖屬病疫高危者，卻往往在使用 DCT 上落後於年輕人），更受當地民眾對涉及個人資料蒐集的敏感度所影響；一般而言，對政府及公權力愈多戒心懷疑、信任愈低的人，會愈反對強制使用及拒絕下載官方 DCT 程式。因此，推廣科技應用於疫情，不純屬技術性和知識能力問題，也是對民情的具體考驗。

病毒不斷變種及疫苗面世後的路線調整

　　新冠病毒變異能力強，故繁殖持續。按世衛組織資料，至今已發現大小不同毒株和亞毒株，有「需要留意」的變異株（Variants of Interest）、更有「需要關注」的變異株（Variants of Concern）（即較為嚴重者），如表 4.5 所示。最新需要關注的 Omicron 亞型變異株，已在很大程度上取代了其他同時傳播的 SARS-CoV-2 變異株。2021 年 10 月時，在向全球共用流感資料倡議組織（Global Initiative on Sharing All Influenza Data, GISAID）提交的所有病毒序列中，Delta 佔幾乎 90%，但到目前 Omicron 已是全球傳播的主要變異株，佔 2022 年 2 月之後 GISAID 共用的病毒序列的 98% 以上。Omicron 譜系內的病毒且持續進化，導致具有不同基因突變組合的後代譜系。

表 4.5　　先前與目前流行的需要關注的變異株

世衛組織標籤	譜系 * （＊包括所有後代譜系）	最早記錄的樣本
Alpha	B.1.1.7	英國，2020 年 9 月
Beta	B.1.351	南非，2020 年 5 月
Gamma	P.1	巴西，2020 年 11 月
Delta	B.1.617.2	印度，2020 年 10 月
Omicron# # 包括 BA.1、BA.2、BA.3、BA.4、BA.5 及其後代譜系。還包括 BA.1/BA.2 重組流行毒株，如 XE。	B.1.1.529	多個國家，2021 年 11 月起（BA.2.12.1，美國，2021 年 12 月；BA.4 及 BA.5，南非，2022 年 1 月；BA.2.75，印度，2022 年 5 月）

資料來源：世衛組織，https://www.who.int/zh/activities/tracking-SARS-CoV-2-variants/tracking-SARS-CoV-2-variants

　　因應新冠病毒變異，亞歐美澳均經歷幾波疫情，使各國各地抗疫工作疲於奔命，控疫措施此起彼落、時緊時寬，通關檢疫隔離及疫苗要求時有調整，從而也造成人們生活上不少不確定性。大抵而言，可以 2020 年末 Delta 毒株的蔓延為第一個重要分界。初期世界上對新冠病毒的認知有限，在歐美國家多處於被動甚至有點放任應對（如美英兩國）失效後，大多數國家趨向認同須強制堵截病毒擴散，於是嚴厲的社交距離限制、公眾限

聚、商業運作停擺、邊境封關、熔斷措施、封區封城等漸次成為主流防控手段，儘管各地力度和覆蓋範圍不一，視乎疫情起伏、民情和政治反應；同時加強檢疫、檢測、隔離、追蹤、偵察等，亦成為防疫的標準作業。

　　中國是防疫控疫強硬路線最為突出的典範，新西蘭國策上本也是對新冠一點也不放過，亞洲其他國家如新加坡、韓國、日本等也收緊社交距離和出行限制，並強制測試。Delta 之衝擊，在一些國家可以「慘烈」去形容其境況，嚴重者莫如印度，竟於 2021 年 4 月 30 日 24 小時內錄得超過 40 萬例新增感染！各國嚴陣以待，紛紛加強管制措施。一時之間，收緊入境及封區封城似已成為指定的反應動作，亦因而引起社會上部分反彈，人們出現抗疫疲勞現象，企業零售食肆等擔心生意大幅收縮使無以為繼。自 2020 年各國政府靠財政赤字和舉債推出各種保就業、撐企業的措施，至此亦感難以長此下去。

　　與此同時，2021 年初起，各種新冠疫苗陸續面世，主要有十一種獲世衛組織承認（但各國及歐盟也各自訂立認可清單），歐美的抗疫焦點轉向全民接種疫苗，以求提升群體免疫力，一些國家因其前期的鬆懈政策已使疫情大規模擴散而已無法扭轉，根本不可能遏止，更遑論清零。但各國各地的疫苗接種率進展不一，既視乎供應的安排和速度、財政能力、政府重視程度，也受社會上不同群體的反應所影響。一般來説，長者及長期病患者較抗拒接種，害怕產生副作用，而各地也見從意識形態上反接種疫苗者，甚至持陰謀論而予以否定，構成「疫苗猶豫」現象，反映於新冠疫情後階段抗疫能力和成效的差距。

　　Our World in Data 數據顯示，至 2022 年 8 月底，全球人口平均 62.19% 完成全面疫苗接種（指 2 劑）、67.7% 已注射至少 1 劑，但低收入國家只有 20.9% 完成至少 1 劑疫苗接種。全面接種率達 90% 或以上的國家和地區有卡塔爾、新加坡及智利，達 88%－89% 有馬爾他、中國內地及古巴，香港地區和柬埔寨逾 87%，超過 85% 的還有韓國、葡萄牙，西班牙和越南等，澳洲和台灣地區約 84%，日本 82%，新西蘭 80%，而英國和美國分別只有 75% 和 67%。2021 年後期，在疫苗接種逐步普及下，愈來愈多國家有感其社會抗疫力有所增強，加以已經歷兩年多傳播感染，客觀上在推高群體免

疫效應，形成某種抗疫屏障，因而逐步恢復國際通關（並由須入境指定點隔離檢疫轉寬為縮短隔離、居家隔離以至無須隔離），並於國內放寬各項社交距離和群聚限制，以挽救經濟。

在歐洲，英國和北歐國家如丹麥可說乃先行者，其後法國、荷蘭等跟進。美國則自 2021 年 6 月中旬不再要求入境航空旅客進行新冠檢測，9 月起只要求航空旅客出示疫苗接種證明、出發前三天內的新冠病毒檢測陰性證明和聯絡資料，符合這些條件即無須接受隔離檢疫。亞洲和澳新地區原本屬行普遍封關、隔離檢疫，防止外來輸入，內部嚴管出行接觸、對社區爆發實行果斷封區熔斷；但至 2021 年下半年，部分「遏阻政策」者開始轉向，接受歐美此時鼓吹的「與冠毒共存」，當中轉調較為突出者包括新加坡、澳洲、新西蘭及越南等。

新加坡率先於 2021 年 8 月出台新的「新冠復元」（COVID Resilience）策略，旨在讓國民有心理準備，接受逐步放寬限制以利通關復常，使經濟復蘇；雖未明言，實質走上「共存」政策之路。澳洲曾被稱「澳洲堡壘」（Fortress Australia），指其嚴守封關堵疫政策，於 2021 年 7 月宣佈分四階段走向生活復常，全面恢復通關。連一向對冠毒採用強硬堵截政策的新西蘭總理阿德恩，也於 2021 年 10 月初宣稱接受現實，她說 Delta 改變了遊戲規則（game changer），及認同冠毒難滅（原英語講話："It has been more infectious and more persistent…. what we have called a long tail feels more like a tentacle that has been incredibly hard to shake"）[4]。越南曾嚴守清零政策，2021 年內封城多月，包括胡志明市，但終敵不過經濟壓力而於 10 月放棄清零目標。這些原強硬派國家的轉向，皆因疫情曠日持久，新冠病毒不斷變種下難見消滅之可能，反之經濟復元及社會活動復常漸成民情所趨，而且疫苗接種率已大為提高（至八、九成），因而危機應對進入再平衡階段。

Omicron 毒株湧現及其後多個 BA 亞系毒株產生，是全球疫情另一重要轉捩點。2021 年底及 2022 年初，Omicron 漸次肆虐歐美及亞洲，確診病例

4　引述自 RNZ, "Auckland to remain in alert level 3, some restrictions ease", *Radio New Zealand*, Wellington, 4 October 2021.

大幅飆升，新加坡曾一日見萬宗新個案，韓國日增以 10 萬計，但未改其國家走向「與冠毒共存」、社會復常的新策略，它們已經調整抗疫目標的優次，對疫情數字只看重長者感染、重症及致命個案，進院隔離改為居家隔離，以紓緩對醫療系統的壓力，善用人手資源。

　　至此，只剩下中國內地、香港、澳門及台灣仍維持清零方向。2022 年 2 至 4 月，因 Omicron 蔓延造成香港第五波疫情危機，確診率及致死率急升，最惡劣時確診日超萬宗，醫療系統超「容」爆煲，民情沸騰，在本書第三部分（特別是第十一章）會詳加討論。中國內地部分省市也難幸免 Omicron 侵襲，3 月起遼寧、吉林、深圳、上海、北京等省市均自 2020 年中以來再見疫情反彈，雖然數字上與歐美比較仍屬小巫見大巫，但已令中央政府高度緊張，有關災區厲行封城禁足停業措施，並全民強制檢測，以盡早達致社會面清零（見第五章）。上海、香港等城市的經驗，促使在國家「動態清零」政策的總精神下如何做好評定風險、精準防控、減少代價，帶來反思。[5] 台灣接着港滬遭受 Omicron 嚴重打擊，2022 年 5 月出現大爆發，日增確診曾上 8 萬例，打破其過去所標榜走在疫情前頭的形象，在實質上已棄守清零政策（見第五章）。

---

[5]　國務院總理李克強呼籲各省市在用力抗疫同時也要救經濟。見〈李克強在全國穩住經濟大盤電視電話會議上強調 扎實推動穩經濟各項政策落地見效 保市場主體保就業保民生 確保經濟運行在合理區間 韓正主持〉，新華網，北京，2022 年 5 月 25 日，http://big5.news.cn/gate/big5/www.news.cn/2022-05/25/c_1128684127.htm。

第五章

東亞抗疫（一）：中國內地、台灣

　　新冠病毒先爆發於亞洲，而東亞（主要是中國內地、港澳台地區、日本、韓國、新加坡和越南）以及屬於大洋洲的澳洲和新西蘭，在防疫抗疫方面，一直是表表者，至 2021 年後段因 Delta 和 Omicron 先後冒起，疫情逐漸出現一些變化和新的挑戰。本章及下一章分別先談中國內地和台灣，以及韓國、日本和新加坡的早期抗疫「領先者」故事，然後再講及其他一些國家。由於本書第三部分（第九至十一章）集中討論香港的經歷，故在此第二部分暫且按下不述。雖然本書未有包括澳門，但要指出，澳門一直在防控疫情上表現突出，檢測嚴厲，感染確診率偏低，並曾長期維持零致死率；惟 2022 年中 Omicron 變種疫情爆發，6 月下旬起澳門多次啟動核酸檢測及分區分級精準防控方案，並曾實施「相對靜態管理」的半封城措施。[1]

　　東亞國家和地區部分曾深受流行疫困之苦（特別是 SARS，以及對韓國而言，中東呼吸綜合症，Middle East Respiratory Syndrome, MERS），記憶猶新，不單政府和社會上警覺性提高，也累積不少寶貴的抗疫經驗，且進行了醫護體制和緊急應變機制改革，因此面對新冠病毒來犯，相對在機制上和心理上較有準備。但如上章所言，每一場病疫都有其獨特性和不明確性，病毒會變異，疫情會有反覆，故不容輕率或鬆懈看待。中國內地和台灣的疫情變化，可見諸於日增確診病例及致死數字（以 7 天滾動平均計），見圖 5.1 和圖 5.2。

1　踏入 2022 年 7 月，澳門感染增多，有患者死亡，疫情惡化，首次引入全民快速抗原檢測及首次提早結束中小幼教學階段，且於 7 月 11 日起實施「相對靜態管理」的半封城措施，暫停賭場等所有非必要工商業公司及場所運作七天，市民如非必要不能外出；7 月 16 日停運再延長五天。8 月初疫情受控，8 月 8 日進入「防疫常態化」階段。因受兩年多疫情及中國內地反貪風暴所影響，主要靠內地賭客遊客的支柱行業博彩業和旅遊業一蹶不振，澳門經濟受到沉重打擊，人均 GDP 由一度高峰的 9.3 萬美元（2014 年）減半至 2021 年的 4.5 萬美元。澳門博彩監察協調局公佈，2022 年首八個月累計博彩毛收入 288.57 億澳門元，按年減少 53.4%。

圖 5.1　　中國內地和台灣日增確診病例走勢（以 7 天滾動平均計）（按 Our World in Data）

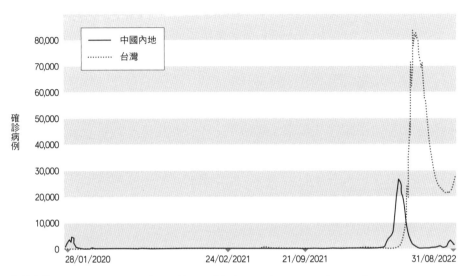

資料來源：Our World in Data, https://ourworldindata.org/coronavirus/country/
　　　　　china?country=CHN~TWN.

圖 5.2　　中國內地和台灣日增致死數走勢（以 7 天滾動平均計）（按 Our World in Data）

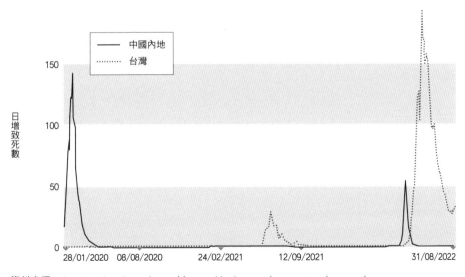

資料來源：Our World in Data, https://ourworldindata.org/coronavirus/country/
　　　　　china?country=CHN~TWN.

中國內地

中國內地於 2003 年經歷 SARS(稱為非典型肺炎，簡稱「非典」) 衝擊，教訓深刻。當年暴露了前期隱瞞緩報、封鎖消息，致延誤了遏制病疫流行蔓延的良機，引起民眾恐慌，國家形象受挫。危機爆發後領導非典疫情防治工作的副總理吳儀，曾於 2003 年 5 月第 56 屆世衛組織大會上坦承：在疫情發生初期，中國對其嚴重性認識不足、公共衛生系統存在缺陷、組織指揮不統一、信息渠道不暢通等，導致防治工作在一段時間內被動。當時有學者認為承襲自舊體制的「條塊」矛盾衝突（即上級機關之垂直和本級地方政府之橫向「雙重領導」制），嚴重影響了對疫情信息的及時、準確和有效管理，乃治理體制的問題；更有指出國家長期重經濟發展而輕健康安全。[2]

SARS 令中國政府痛定思痛，迅速建立突發性公共衛生事件應急機制，通過相關法律與條例，規定及時如實通報和公佈疫情，並設立常規性信息披露制度等。十多年來，內地公衛系統及防治整體能量和效率均有所提升，醫療科技及標準作業流程也今非昔比，法規及機制俱較為完備；改革醫療及提升治理效能，也一直在國家的議程上。不過改革需時沉澱，一些體制缺陷和官僚文化弊病不會驟然消失，仍殘留存在。當 2019 年末武漢市發現不明病毒，最初期近乎失控，有認為並非簡單地因疾控體系不足，而是治理體制和資訊控制的束縛，壓抑了風險意識。[3]

早期的專家意見排除了人傳人的可能性，直至 2020 年 1 月 20 日，由中國科學院院士及頂尖傳染病專家鍾南山帶領的第二批專家才公開確定該病毒屬傳染性，因而錯過了及早控制、遏止擴散的時機，讓新冠病毒乘虛

---

2   門洪華：〈中國 SARS 危機管理：理論框架與實踐評估〉，載胡鞍鋼主編：《透視 SARS：健康與發展》，北京：清華大學出版社，2003 年，頁 3–26。

3   北京大學強世功教授當時感嘆：「我們國家的治理體制和治理機制、部分官員和精英階層的思想和心態以及普通國民的觀念和素質，距後工業化發展的要求還有差距。」他歸究於「小農社會」的小富即安、缺乏風險意識，以及決策仍靠層層集中、層層下達的垂直體制。見強世功：〈我們為何不敢承認大疫背後的小農心態？〉，北京，2020 年 2 月 16 日，https://www.overseastudy.world/ 北大教授強世功 - 我們為何不敢承認大疫背后的小農心態 /。

藉着 1 月下旬農曆新年春運大人流而迅速擴散各省各地，且因其傳染早於症狀呈現，易令風險警覺鬆懈。國際上的反中輿論和陰謀論人肆渲染抹黑，說什麼中國「種毒」和「播毒」，加以圍攻，並在缺乏證據下指控中國的實驗室洩漏病毒。2021 年 2 月，中國－世衛組織的專家組宣佈，實驗室泄漏引起武漢疫情的可能性微乎其微。

　　一旦官方於 2020 年 1 月下旬確認風險，中國於危機出現後的果斷防控疫舉措，包括全員檢測、封城、醫護軍民總動員、流行病學應對等，充分展示了特急情況時，在舉國體制下應變能量之強勁，其強制性力度實非他國可比，對遏阻疫情散播惡化，起了重大作用。短短數月，已在全國範圍內把疫情穩定下來，內部經濟生產得以逐步恢復。可以說，新冠的爆發矛盾地既反映出一些制度性缺陷，也同時凸顯（事後）一些特有的制度能量。對於前者造成的嚴重後果，當然不因後者而輕輕帶過，儘管已有效迅速遏阻疫情，仍需反思體制的不足，包括官僚文化的本位主義和僵化。在國家領導層（如國家主席及中共總書記習近平）高度重視、視為制度考驗及人民戰爭下，國內各地抗疫不容有失，乃各級黨政的硬任務。全國強力果斷防疫控疫手段，即時起了圍堵冠毒、遏止傳播的實效，並嚴控出入境管制和隔離，從而奠定了兩年多一直強調的「動態清零」策略，即外防輸入、內防擴散，絕不放鬆。

　　武漢市封城 76 天後於 2020 年 4 月 8 日重開，2020 年 8 月中央政府宣佈內地疫情已經受控。武漢經驗其後應用於其他出現感染的地區；大抵而言，一有確診或懷疑個案，便進行接觸者追查和利用大數據分析，以助評估疫情，呈陽者須予以酒店或居家隔離，全市或全區人口接受核酸測試，以控制社會面傳播風險，達致動態清零。2021 年 2 月新春假期，政府呼籲民眾在所處之當地過年，以減少跨省跨區流動，不過零星少量的感染個案仍在個別地區出現，如大連、青島及北京等市發現輸入個案，7 月南京市曾發現 Delta 感染個案，皆令官方大為緊張，加緊對入境者檢疫隔離及對進口貨物包括冷鏈物流的檢查。但相較於歐美及亞洲其他國家，中國內地疫情只屬輕微。同時研發疫苗（國藥和科興），促進注射，並向超過 100 個國家和國際組織提供了 12 億劑新冠疫苗和原液，與多國接連投產。

中國內地能夠落實嚴厲慎密的防控疫策略，既因其管治體制予政府強大的公權力、執行力和社會動員力，管制直達街道和住宅小區，也受惠於人民普遍對國家信任度高和遵從性強，以及先進數據科技的廣泛應用。在抗疫上，非藥物性的介入手段發揮了重要作用（如盡早強檢圍堵，加上追蹤隔離、限聚禁足等措施）。除政府主導外，企業和志願機構也見着力參與抗疫，創科和數字企業以至物流行業提供資訊支援，也促進電子商貿和網上服務，以及改善物流分銷。此外，效法 2008 年四川汶川大地震的災後重建做法，實行省市之間對口支援疫情嚴重地區，增加抗疫資源和專家人手，體現舉國動員之力。[4]

中國的抗疫模式，首年令內地迅速恢復社會和經濟活動，高端的創新科技和信息科技大派用場，其成功處令他國刮目相看，有點難以置信；但因國情及體制有異，相信外國縱欲仿效也難以複製，且文化和民情不同，也不一定可以接受和實施中國內地之一套。全球經濟生產受疫情嚴重拖累，國際貿易及客貨運物流受到干擾，中央政府因應情況，於 2020 年中調整國家經濟策略，強調國際及國內「雙循環」並重，並實際上依靠加強內循環（即內部消費和投資），致力維持生產動力和增長。總體而言，中國內地防控疫嚴格細緻，各方面回應快速，不容有失，但也存在其一些問題和缺陷。

體制上，儘管中國實行高度中央集權，但各地每級政府一直至街道和小區層面，在抗疫上都須承擔責任，被上級追究任何缺失，甚至免職查辦（如在武漢、青島、鄭州、南京等地）。因地方上財政緊絀，又要為疫情負責，故往往寧枉莫縱，有時一刀切、矯枉過正，甚至出現政策文件是一套，實際操作是另一套的情況，[5] 對民生造成另類困擾以至個別的人道事故，增加社會的抗疫代價。此外，除國家規定的入境者「健康碼」外，各省市又推出本省市適用的健康碼，目前各地健康碼不統一、不互認，信息

4　當年震後僅一個月，國務院即出台《汶川地震災後恢復重建對口支援方案》，全國近三分之二省份行動起來，對口支援重災縣市。「一省幫一重災縣，舉全國之力，加快恢復重建」，成為災後迅速重建的佳話。

5　香港《明報》報道，〈國家衛健委：勿盲目擴大檢測範圍〉，2022 年 6 月 10 日。

也不聯通，添加人民出行不便，並已經出現了一些健康碼被地方機關濫用的現象（即用於跟防控疫無關的用途上），因此有主張健康碼應該收歸國家統一管理；全國各地按風險高中低劃分為紅黃綠區，以利監察，但也導致跨地交通上對來自較高風險區者的障礙以至歧視。長期存在的「條塊」制度容易產生統籌協作上的問題，並隱藏結構上以至組織文化上的阻力。國務院聯防聯控機制已發佈通知，要求進一步推動新冠病毒核酸檢測結果全國互認。[6]

　　中國內地疫情經歷四個階段：一、2020 年上半年大規模爆發；二、2020 年 6 月至 2021 年 3 月的散點爆發和動態清零；三、2021 年 3 月至 2022 年 3 月的大規模疫苗接種和零星爆發；以及四、2022 年 3 月起頗大規模多省市爆發。2021 年底，內地已初見 Omicron 來襲，12 月西安市、天津市和河南省接連封城。但跟外國比較，疫情不算嚴重，惟中央及各地方政府不敢怠慢，一旦發現確診，便立即圍封強檢隔離，提防蔓延；為確保不影響 2022 年 2、3 月北京冬季奧運會和殘奧運如期順利舉行，實施「閉環管理」。但 Omicron 及其亞毒株的擴散比預期為烈，先後在不少省市爆疫，較嚴重者有吉林省、遼寧省及深圳、廣州、上海、北京等市，須封區封城。如深圳市於 3 月中首次封城七天，名為「全城靜默期」，分區分級防控。上海市疫情尤其慘重，跟香港一樣雖然長期控疫有方，但至 Omicron 肆虐下皆似不堪一擊，3 至 4 月高峰期間上海累計確診總數 60 多萬。4 月 7 日以來，單日本土新增感染人數一度維持在 2.5 萬左右。

　　上海承載國家經濟重任，2021 年保障了全國（內地）近二分一的出入境航空物資運輸、近三分一的出入境航班起落，以及近三成的進口冷鏈食

---

[6]　一些地區進行了積極探索，如河南省明確核酸檢測結果全國互認；「北京健康寶」新增可導入外地核酸檢測結果的入口；上海市「隨申碼」實現長三角地區核酸結果互認；廣東省的「粵康碼」可識別臨近的湖南省核酸檢測證明；遼寧省的「遼事通」、吉林省「吉祥碼」則可以隨時切換省內核酸檢測資料庫和全國資料庫。推動核酸檢測結果全國互認，技術上完全可行，關鍵是要站在疫情防控「全國一盤棋」的高度，破除地方保護主義。一些地方害怕防疫出現閃失，對跨地區出行人員進行重複檢測。見《人民日報》，〈人民時評：加快落實核酸檢測結果全國互認〉，北京，2022 年 8 月 17 日。

品。[7]一直標榜精準防疫有效，譽為上海模式，不動輒封閉。3 月 26 日，上海市疫情防控領導小組專家組成員吳凡尚在回應為何不封城，[8]但一天之後，上海便守不住了。原本只以為短暫及分區遞增實施的封城措施，因為疫情急變、每日確診竟上萬宗、死亡人數激增，而最終全市封城 65 天，至 6 月 1 日始解封。期間除了 2,500 萬市民生活大受顛覆和生產活動停頓外，有 2.67 萬商戶企業停運，大量駐滬的外企總部及廠房也受到莫大困擾，如大眾汽車（Volkswagen）和特斯拉（Tesla）；有學者估計上海封城使國家經濟損失 2.5%－3%，其繁華國際都會之形象大為失色。[9]看來內地當局須好好總結上海等大城市封城封區的正反經驗。

關鍵不在於「動態清零」的抗疫策略總體精神，而主要在於執行手段對人民生活、企業營運和工廠生產帶來的種種具體影響及社會代價；執行時間愈長、執行上欠缺靈活，則衝擊愈大。2022 年首季已有多個沿海和東北省市加強封控，4 至 5 月，上海為期兩個月的封城、北京大面積關閉購物中心和其他公共場所、上千萬計居民進行頻密核酸篩檢，以及其他城市實施程度不一的封控措施，加上對旅行和人員流動的各種限制，擾亂了供應鏈並波及國際貿易，也拖累了經濟增長目標。2022 年 2 月起烏克蘭戰爭及西方全面制裁俄羅斯，導致全球經濟前景向淡，物流供應鏈更受打擊，通脹急升，中國也感受重大壓力。據國家統計局估計，內地經濟增長放緩，2022 年第二季僅得 0.4%，按季急跌 4.4 個百分點，反映經濟恢復仍有許多不穩定性。中國國民的高儲蓄率，本有助短期的內循環應對之道，惟不能長期如此。

2022 年 4 月 29 日，國家主席及黨總書記習近平主持中共中央政治局會

7　《新浪新聞》，〈上海外防輸入壓力為何這麼大？〉，北京，2022 年 3 月 16 日，https://news.sina.cn/2022-03-16/detail-imcwiwss6436791.d.html。

8　吳凡說：「因為上海這個城市不僅僅是上海人民自己的上海，我們這個城市還在全國經濟社會發展當中承載着重要功能。」見人民網：〈上海新增感染者持續高位，為何不能「封城」？回應來了！〉，2022 年 3 月 26 日，http://sh.people.com.cn/BIG5/n2/2022/0326/c134768-35193694.html。

9　有指封城時「亂象叢生」、教訓慘烈。詳見夏山河：〈上海抗疫引爆「次生災害」，矯枉過正面對痛苦教訓〉，《亞洲週刊》，2022 年 4 月 25 日－5 月 1 日，頁 22－25。《環球時報》前總編輯胡錫進也曾在微博發文表示：「到處封城，造成的次生災害同樣是巨大和難以承受的。」

議時強調「疫情要防住、經濟要穩住、發展要安全」，成為最新的指導方針，[10] 中央要求加大宏觀政策調節力度、扎實穩住經濟，並全力擴大內需、穩住市場主體、切實保障和改善民生。同日，中國政府網發文表示要堅持「動態清零」：「我國已經進入到了全方位綜合防控『科學精準、動態清零』的第四個階段。……在防控措施上，明確主攻方向，分清防控措施的優先次序，以『空間換時間』，把社區防控擺在了重要位置。第一時間把風險人群控制在管控範圍內，陽性感染者應治盡治，密切接觸者應隔盡隔，盡可能對次密接進行集中隔離，力爭最短時間阻斷疫情傳播的鏈條。」[11]

　　5 月開始，中央政府強調復工復產，並緩解了一些限制。5 月 25 日，總理李克強罕見召開 10 萬人以上參與的全國穩住經濟大盤電視電話會議；5 月 30 日，國務院公佈《扎實穩住經濟的一攬子政策措施》文件落實細則（被市場喻為「穩經濟 33 條」），力求快速推動疫後經濟復蘇，尤其重點扶持受疫情衝擊最嚴重的中小微企業。[12] 各級政府陸續推出退稅、消費補貼、放寬房市等措施。據中新網報道，2022 年首四個月，20 省市先後發放總額逾 34 億元人民幣消費券，涵蓋家電、餐飲零售、文旅體育等方面。封城重開後上海推出 50 點方案，動用 3,000 億元人民幣透過免稅免租和各種補貼（包括向市民發出消費券），去驅動經濟復元。

　　在 Omicron 及其變種亞毒株下，中國面對疫情轉折的新挑戰，有人或會問：前期（直至 2022 年初）在動態清零上的優勢，會否產生一個「成功的陷阱」，即仍用非常嚴厲的遏止手段應付已經變種、感染高但重症和死亡率已趨偏低的冠毒，致付出日漸高昂的經濟和社會代價？但決策當局

10　這次會議強調：「高效統籌疫情防控和經濟社會發展，堅定不移堅持人民至上、生命至上，堅持外防輸入、內防反彈，堅持動態清零，最大程度保護人民生命安全和身體健康，最大限度減少疫情對經濟社會發展的影響。」新華社：〈「疫情要防住、經濟要穩住、發展要安全」——習近平總書記引領高效統籌疫情防控和經濟社會發展述評〉，2022 年 8 月 8 日，北京：新華網，http://politics.people.com.cn/BIG5/n1/2022/0808/c1001-32497527.html。

11　中國政府網：〈為什麼要堅持「動態清零」？「動態清零」是否等同於全域靜默、全員核酸？最新回覆！〉，北京，2022 年 4 月 29 日，http://www.gov.cn/fuwu/2022-04/29/content_5688064.htm。

12　在六大範疇內分為七項財政政策、五項貨幣金融政策、六項穩投資促消費政策、五項保糧食能源安全政策、七項保產業鏈供應鏈穩定政策，以及三項保基本民生政策。

怕的是一旦疫情失控，容易造成全國擴散，有估算可導致 1.12 億宗有症狀感染（以每千人 80 宗計）、270 萬人需深切治療，構成醫療系統難以承受的壓力。[13] 如何平衡取捨，成為國家最新的抗疫挑戰。2022 年 6 月底，國家主席習近平到湖北省武漢市視察，重申對「動態清零」政策的堅持，表示當前疫情還沒有見底，外防輸入、內防反彈壓力還很大，因此要克服厭戰情緒，抓實抓細疫情防控各項工作，同時要盡可能推動經濟平穩健康發展。《人民日報》評論版自 7 月 14 日起刊登一系列文章，解說「動態清零」，首篇文章〈毫不動搖堅持「動態清零」總方針〉，指出疫苗接種率尚未形成足以抵抗重症和死亡的屏障，且各地醫療條件存在差異，並強調動態清零是綜合社會成本最低的抗疫策略。

目前而言，政府看來會在「動態清零」的總政策下尋求因地制宜、朝向較精準的防控定位。地方上要求嚴格落實縣、鎮、鄉、村、部門「五級包保制度」，使形成返崗復工和防控管理相結合的社區穩定保障體系，推動居民生活工作恢復正常。「復常」已成為抗疫下的一個重要政策目標。國家衛健委已要求根據疫情防控需要科學制定核酸檢測策略，避免盲目擴大展開全民核酸檢測的範圍，並點名一些城市出現過度防疫、一刀切等情況，以及對往返一些地區的人員「盲目採取管控措施」。國務院聯防聯控機制也公佈防疫「九不准」，包括不准強制勸返或隔離來自低風險地區的人，以及不准隨意以防疫為由，拒絕為急症重症和需要定期治療的患者提供醫療服務等。同時加強對檢測機構的整改和產業鏈上游的監督。國家藥品監督管理局要求對新冠檢測試劑實行「最嚴格監管」，從研製、生產、經營、使用等環節提出加強質量監管的要求。

循序鬆綁、復元措施陸續出台。2022 年 6 月 28 日，國務院聯防聯控機制公佈《新型冠狀病毒肺炎防控方案（第九版）》，對入境人員及密切接觸者的隔離時間，從本來的「14 天集中隔離＋7 天居家監測」減半時間，調整為「7 天集中隔離＋3 天居家監測」，而密切接觸者則由 7 天集中隔

13　風險最高的是接種率尚需提升的 80 歲以上群體，特別是在醫療不足的農村和偏遠地區者，一旦出事，性命難保。

離改為 7 天居家監測，適用於內地所有城市。這被國際上及外商視為積極的信號，應是內地按疫情受控程度的評估而有序及有條件地逐漸放寬入境限制的開始。7 月，國家民航總局表示正在國務院聯防聯控機制統籌下，根據疫情形勢發展、近期防控措施的優化、地方接受國際航班保障能力的提升，穩妥有序恢復國際定期客運航班，並加強與相關國家的磋商，逐步增加國際航班的數量。

8 月 31 日起，國家海關總署啟用第九版「出入境健康申明卡」，取消對出入境者核酸檢測信息、既往感染情況、疫苗接種日期的申報要求。海關總署口岸監管司負責人表示，措施旨在提高申報效率，強調非放鬆防控要求，旅客在登機前仍須提供核酸檢測陰性證明，在入境時須接受海關檢疫，在入境後要隔離醫學觀察。8 月 24 日國務院再部署 19 項穩經濟接續政策措施，包括增加政策性開發性金融工具額度和依法用好專項債結存限額；地方「一城一策」靈活運用信貸等政策，合理支持剛性和改善性住房需求；出台措施支持民營企業發展和投資，促進平台經濟健康持續發展，以及為商務人員出入境提供便利等。有估計年內可拉動基建投資達 1.9 萬億元人民幣。

新冠疫苗接種持續推展，按國家疾病預防控制局數據，截至 2022 年 8 月 31 日，已接種疫苗超過 34.32 億劑次，但 80 歲以上長者疫苗接種覆蓋率、長者加強針接種率還有待提高。目前數據顯示，60 歲以上至少 1 劑次接種率為 89.6%，基礎免疫全程接種比例達 84.7%，加強劑接種率達 67.3%。國家衛健委建議，失能、半失能高齡老人也應積極接種，以減少新冠病毒對長者造成重症和死亡的風險。7 月下旬，本土個案增加，疫情波及 21 個省 78 個城市，常有封區檢測；8 月，正值旅遊旺季的海南省爆發 Omicron 變種 BA.5，三亞市最為嚴重，須實施「臨時性全域靜態管理」，曾導致逾 8 萬名遊客滯留。疫情仍在散點爆發，包括成都、深圳等大城市。至 8 月 31 日，國家衛健委通報，31 個省（自治區、直轄市）和新疆新增確診合共 392 例，其中境外輸入 43 例、本土病例 349 例（佔多者為四川 164 例、西藏 45 例、海南 36 例、廣東 25 例），新增無症狀感染 1,426 例，並無新增死亡病例。

台灣

　　台灣也曾受 2003 年 SARS 肆虐之苦，付出慘痛的代價，之後檢討傳染病防疫政策及應急機制。所以新冠病毒來犯時，政府和社會上皆有一定的標準作業準備，警覺性高，不予輕敵，故一度成績亮麗，2020 年 4 月至 12 月連續八個月的本土感染零確診記錄，讓台灣人引以為傲；有形容為「安疫時代」，《台灣光華雜誌》這樣報道：「所幸，台灣疫情的防線守住了，人民可以如常生活。……還能好好吃一頓飯，享受單純美好的小幸福。」[14]

　　當時社會和經濟活動大部分如常進行，不受影響，少數幾次社區感染最後也都以清零並解除隔離告終，學校照常上課，各行各業照常上班，演唱會和比賽活動繼續開放入場。台灣較成熟的公民社會，講求全民防疫，對政府助力不少。民進黨當局一直標榜「超前部署」，刻意打造「全球最佳」的抗疫形象，但到 2021 年 5 月「神話破滅」（BBC News 中文台 2021 年 5 月 25 日評論用語）。當中涉及疫情之變化、當局自滿造成被動及誤判情勢，致危機意識和抗疫力量均落後於形勢，並因過分政治操作，造成信息混亂，一味唱好的宣傳讓人防疫鬆懈，最後民眾對當局的所講所做疑惑日多，使台灣成為由順轉逆的顯例。

　　兩年多的疫情，大致上可分為四個階段。第一個階段由 2020 年 1 月疫發初期至該年中，台灣當局反應迅速，在 1 月 15 日其疾控中心已把未知原因的「嚴重特殊傳染性肺炎」指定監控，又派員前赴武漢了解情況，1 月 20 日「行政院」成立由衛生福利部門（衛福部）其負責人領導的中央流行疫情指揮中心，啟動緊急應變機制。由一開始台灣也像中國內地般奉行清零目標，屬行檢疫、向境外人員封關、隔離追蹤，並藉高新科技和大數據分析等發揮效用，方便居家工作和上課。佩戴口罩、社交距離和限制群聚、迴避高傳播風險場所等，一應施行，而民眾和企業也予積極配合，嚴守社區防線。這階段感染確診（主要乃輸入）和死亡個案都較少。

　　2020 年中起為第二個階段，台灣當局有感控疫成功，疫情緩和下來，

遂開放禁制，重點在於預防，以及振興經濟與紓困，發行名為「振興三倍券」的消費專用券，動用 600 多億元新台幣。但 2021 年 4、5 月間，先後發生多宗群組感染，遍及桃園國際機場酒店、宜蘭縣、新北市（蘆洲區）和台北市（萬華區），向全島蔓延，此為第三個階段，爆發大規模本土疫情、死亡人數大增，於是收緊社區控疫措施及入境限制，進入「軟封城」的第 3 級警戒（最高為第 4 級警戒：除必需服務外所有公開活動取消及須居家工作上課、疫情嚴重的縣市進行圍封）。

此刻人們才驚覺，原來台灣疫苗供應嚴重不足，接種率只有 3%，皆因當局疏於推動疫苗，大大落後於其他國家和地區。當局為求台灣本地生產疫苗（但研發生產滯後），一直未有積極向外地購買疫苗（如 Moderna 莫德納、或 AstraZeneca, AZ），又因政治上不願與代理 BioNTech（Pfizer-BioNTech, BNT，港譯「復必泰」）的上海復星公司接觸，但當民間企業如鴻海集團欲購捐 BNT，反遭重重關卡阻撓，頓時使疫苗短缺荒構成防疫缺口，致人心惶惶；後美國及日本捐贈疫苗予台灣，分別累計 250 萬劑和 340 萬劑。當局陷入窘境，除立法院和民間聲討外，監察院也就疫苗事件立案調查。針對突然爆發的疫情造成全面經濟停滯與產業衰弱，當局再推出「振興五倍券」，涉預算款額 1,150 億元新台幣。

2022 年 3 月 1 日，台灣聲稱進入「經濟防疫新模式」，當局擬適度放寬防疫措施。但旋於月底繼香港、韓國、新西蘭及中國內地部分省市等，遭受 Omicron 衝擊（當時主要病毒株為 Omicron 變種 BA.2），此為第四個階段。這一波疫情比前嚴重得多，確診者急增，2 月時每天新增確診病例還停留在雙位數字，但到 3 月後半段已經升至三位數字，4 月底增至五位數字，持續以萬計。民眾焦躁，但竟出現快測劑（台稱「快篩劑」）稀缺，再一次暴露當局「超前部署」言不符實。政府對於應否強檢普篩多所迴避，只說「類普篩」，引來爭議，5 月甚至爆出快測劑採購招標黑箱作業

疑雲，即所謂「高登事件」。[15]

　　自 4 月 27 日起，中央流行疫情指揮中心取消簡訊實聯制，因無法再進行疫調，只要求確診者盡量待在家中，以先保住醫療能量不崩潰；其後修訂新冠病定義，新增「居家隔離」及「自主防疫」或「居家檢疫」期間使用家用快篩試劑（6 月下旬改為核酸檢驗）檢測陽性，並經醫師確認即為確診。疫情指揮中心表示，目前政策以減災為目標，重點在疫苗、藥物與輕重症分流。台灣「行政院」院長蘇貞昌宣稱採用防疫、經濟並行的「新台灣模式」，實則走向與病毒共存，但仍待提升三劑疫苗接種率，尤其是長者方面。5 月初推動兒童（5 至 11 歲）接種基礎劑疫苗，7 月下旬開放「滿 6 個月至 5 歲」（嬰幼兒）接種莫德納疫苗。

　　至 5 月 27 日，台灣單日新增確診達 94,808 例。6 月 9 日單日新增中重症個案 575 例（中症 384 例，重症 191 例），6 月 10 日單日新增死亡人數 213 例，三者皆創歷史新高，至此台灣疫情形同失控。8 月底再爆次波大規模 Omicron 感染，主要病毒株為 BA.5。台灣抗疫表現顯得疲態畢露，跟兩年前標榜「世界第一」成強烈落差。8 月 31 日，新增確診病例逾 34,600（99.4% 屬本土個案）；由 4 月 27 日起，已連續 127 天有新增死亡個案，創最長紀錄。因疫情之反覆及升溫，民進黨當局民望下跌，蔡英文陷入 2020 年連任以來之最低點，按 TVBS 電視台 6 月民調，民意不滿意率近五成；8 月下旬《美麗島電子報》民調顯示，不信任度升至 46.1%。[16]

15　高登環球公司前身為一間資本額僅有 200 萬元新台幣的小吃店，且董事長傳聞背負詐欺罪名、欠債 62 萬元，然而卻可獲得「衛福部」總價 16.5 億元新台幣的快篩試劑採購合約，超過自身資本額 800 倍，被質疑是否存在黑箱作業。

16　衛福部長兼中央流行疫情指揮官陳時中，亦由昔日的民眾偶像步下神壇，但仍獲民進黨徵召代表參選台北市市長。

第六章

東亞抗疫（二）：新加坡、韓國、日本

　　本章承接第五章，討論東亞其餘早期「領先者」的抗疫歷程，即新加坡、韓國和日本。三者在疫情早期控疫相對有效（新、韓兩國採取嚴厲的圍堵政策，日本較重國民自律），但也面對各方面不同的挑戰，其防控策略至後期漸見調整。嚴格而言，新加坡地理上位處東南亞，但經常包括在東亞經驗之內，例如 1993 年世界銀行便把它與香港、台灣兩地和韓國並列，譽為「東亞經濟奇蹟」，[1] 故在社會與經濟發展經驗的討論中，常把它置於廣義的東亞層面，包括被學術界形容為具「國家發展主義」（state developmentalism）特色的政府主導經濟和產業發展的路徑。[2] 三國的疫情變化，可見諸日增確診病例及致死數字（以 7 天滾動平均計），見圖 6.1 和圖 6.2。

新加坡

　　新加坡自 1965 年獨立建國以來，作為小島國，在故總理李光耀領導下，一直安全和防禦意識強烈，亦具有及早或超前部署的治理和決策傳統。跟中國內地、香港及台灣地區一樣，新加坡曾經歷 SARS 肆虐，吸取慘痛教訓，之後全面檢討預防傳染病疫的應急機制，大力鞏固醫衛系統，顯著者莫如：成立國家傳染病中心作為中央防控疫中樞、擴充公私營醫院內的隔離和深切治療設施、設立「國家儲存」（National Stockpile）確保長期

1　World Bank, *The East Asian Economic Miracle: Economic Growth and Public Policy*, New York: Oxford University Press, 1993.

2　如 Robert Wade, *Governing the Market: Economic Theory and the Role of Government in East Asian Industrialization*, Princeton, N. J.: Princeton University Press, 1990。

圖 6.1　新加坡、韓國和日本日增確診病例走勢（以 7 天滾動平均計）（按 Our World in Data）

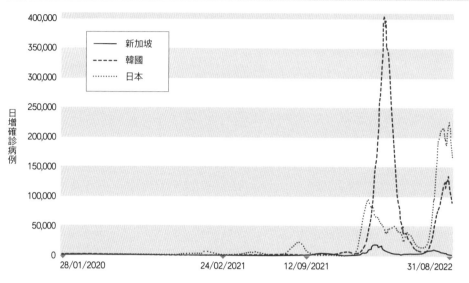

資料來源：Our World in Data, https://ourworldindata.org/covid-cases.

圖 6.2　新加坡、韓國和日本日增致死數走勢（以 7 天滾動平均計）（按 Our World in Data）

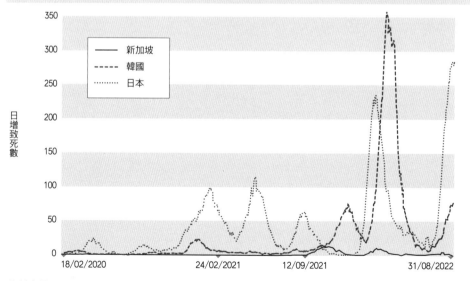

資料來源：Our World in Data, https://ourworldindata.org/covid-cases.

的個人防護裝備和醫藥物資供應，並建立「疾病爆發應對系統」（Disease Outbreak Response System Condition, DORSCON）（分綠黃橘紅四色警戒，以紅色為最高級別）以提升應變和動員能力。2009 年面對 H1N1 流感病疫，曾啟動涵蓋全國 900 間基層保健診所的「公共衛生防範診所」（Public Health Preparedness Clinics）網絡，強化基層醫療體系的監測功能。此外，新加坡長期重視生物科技（含生物醫學）及藥劑的研發，致力商品化和產業化，至今生物醫療科技業已成為其製造業經濟的重要支柱之一。

因此，對抗新冠病毒病疫，新加坡可說是有備而來；總理李顯龍於 2020 年疫爆之初便曾在 CNN 訪問中說：「我們自 17 年前 SARS 以來已為應付此疫（新冠）作好準備。」而且，對於這個總人口（包括暫居者）只有 590 萬、長期由人民行動黨執政及國民高度信任政府的島國來說，採取控制民眾流動和實施接觸追蹤等圍堵政策措施相對容易，而且新加坡的公共行政效率和醫衛水準也一直居於世界前列，故政府和醫衛系統均能迅速及果斷地應對新冠危機。2020 年 1 月 1 日，新加坡衛生部通報，已知悉武漢發生不明原因肺炎病例，1 月 3 日傍晚開始對所有從武漢入境的旅客進行體溫檢測，對過去 14 天有武漢旅行史和發熱症狀的旅客隔離觀察。1 月 22 日起，對所有從中國內地抵達的航班乘客進行體溫檢查。同日，成立跨部防疫專責小組，由衛生部長、財政部長和貿工部長領軍，統籌抗疫政策和工作。

2 月 7 日新增 3 起本土病例，染病患者全為新加坡人，但找不出感染源，使得政府將 DORSCON 從黃色調高至橘色，代表疫情嚴重且容易傳播。2019 年已落成的國家傳染病中心轄下 330 張病床，正好為新冠疫情來臨提供所需的患者隔離病房，大大加強了應對的行動能量。跨部專責小組制定分級醫護設施，以有效處理病徵病情輕重不一的感染者。除了醫院外，還備有社區護理設施和社區康復設施，前者有醫療人員留守，在必要時為輕症患者提供治療，後者則無醫療團隊進駐，入住的乃仍帶病毒但情況一般不會惡化的患者；這樣便能善用醫護資源，從速治療重症者，又不讓醫院容量超負。同時重視檢測，為加快篩檢，2020 年中新加坡國防科技研究院和新加坡科技研究局合作研發出新冠病毒新型檢測試劑盒，使檢測

得出結果的時間從原來約 4 小時減半，且透過大學機構與生物醫學科技企業合作，不斷改善篩檢效率，縮短時間至 10 分鐘或以下。

　　政府抗疫不遺餘力，致力檢測、接觸追蹤及隔離，因應新加坡的外向型經濟特色，不搞大範圍封閉，以盡量保持社會經濟生活正常，在首輪疫情中堪稱圍堵抗疫有效的模範。跨部防疫專責小組透過定期記者會發放信息，李顯龍總理也多次親自宣講，其危機論述力強，能讓國民安心認為一切均在政府掌控之中。不過初階段也曾有閃失，政府一度宣傳健康的人無需佩戴口罩，可依靠健全的公衛體系，被認為是亞洲唯一的「口罩無用派」，由民眾自行決定，更曾指出並無實證顯示新冠病毒可無症狀傳播，反應有點教條，造成風險意識一時之混亂。

　　至 2020 年 3 月為止的少量病例，主要是外來（包括歸僑）輸入，政府宣佈從 3 月 23 日起，原則上暫停所有短期旅客入境；本國公民、永久居民不受此限。卻冷不防外勞宿舍發生新冠病毒大爆發，構成社會面傳播擴散的大缺口。此事反映，新加坡政府長期輸入外勞，卻忽略外勞居住環境擠迫和衛生條件惡劣，有 20 萬外地勞工住在 43 家大型集體宿舍、10 萬外地勞工住在工廠改建的宿舍和工地小型宿舍。危機出現後，政府急急補救，讓無病的外勞轉住空置學校和公屋單位、軍營、大學學生宿舍、展覽館及體育館等。雖然外勞感染確診嚴重，但幸好一般較年青力壯，故多屬輕症，痊癒較快。

　　本土病例突然急升下，政府驚覺形勢有變，原本不戴口罩、不封城的政策急轉彎：2020 年 4 月 5 日宣佈為所有家庭配發口罩，4 月 15 日立令在公眾地方強制佩戴口罩，違者處罰；同時啟動類封城（或稱軟封城）的「斷路」（circuit breaker）式防控措施，從 4 月 7 日至 5 月 4 日，為期一個月。「斷路」顧名思義要快速切斷一切可能的感染鏈，具體措施包括全面收緊社交距離限制、關閉非必需的服務和場所、禁止私人與公共場所聚會包括宗教活動，以及居家辦公和上課等。此乃新加坡在過去兩年多抗疫上遭受的最大挫折。「斷路」措施於 4 月 21 日加碼，最終在病例減少趨零下，分三個階段解封：6 月 1 日（稱為「安全解封」）、6 月 29 日（「安全過渡」）及 12 月 28 日完全解封（「安全國家」）。

　　運用財政及科技手段抗疫，也構成新加坡應對危機的一個重要元素。由於國庫健全、儲備充裕，故無需舉債也能向國民個人、家庭和企業等提供各種解困紓緩、共渡時艱的措施。跟十七年前 SARS 期間用 2.3 億新元紓緩比較，單是 2020 年內用於應付新冠的支出已達 1,000 億新元（相等於 GDP 的四分之一），約一半來自國家儲備。2021 年財政預算案預示「由圍堵轉向重整（經濟）」的方向。新加坡的支援就業計劃，向僱主提供僱員工資最高 75% 之補助，後又有針對自僱人士的支援；優化後的企業融資計劃下，由國家承擔中小企業借貸高至九成的風險。同時，善用數據及新科技工具支援，引入如 TraceTogether 和 SafeEntry 等手機應用程式。

　　踏入 2021 年，隨着防疫措施逐步鬆綁，更多人返回工作場所，人們生活漸次復常。除了需要佩戴口罩和部分社交限制外，已沒有太多不便。然而 4 月底、5 月初，本已平息的社區傳播重現，主要乃因 Delta 變種爆發，5 月中新加坡從解封第三階段退回到第二階段，政府進一步收緊限制措施，實行半封城式防控。至 2021 年 11 月，政府宣佈進入「過渡期」，邁向「冠疫復元」。整個回常的過程分為四步：一、準備期；二、過渡期 A；三、過渡期 B；及四、達致「新冠復元國」（COVID-19 Resilient Nation），實行與病毒共存，放寬隔離檢疫，改為自我（居家）隔離康復。

　　建基於冠毒風土化的「共存」方向，大前提是實施覆蓋全面的疫苗接種。就此，新加坡 2020 年中便部署向外採購疫苗（包括 Moderna、BNT 及中國的科興 Sinovac），由該年底至 2021 年初，陸續到貨。政府一方面全力推行免費接種，在各保健診所之外加設 40 個接種中心，同時讓私營診所輸入由接種者自費的疫苗；另一方面擴大自 2021 年 8 月實行的「按疫苗接種差異化安全管理措施」（vaccination-differentiated safe management measures），規定餐廳食肆（包括食堂和熟食中心）堂食，以及進入一些其他處所和辦公地方者，均須已完成全面的疫苗接種（連加強劑）。所謂「no jab, no entry」（未注射，不能進）。在此催谷及行為誘使之策略操作下，新加坡全國的完全接種率逾九成，為亞洲之冠，大大有利於其走向經濟復元、生活回常的目標。

　　抗疫政策逐步由圍堵過渡至緩解為主，衛生部把公眾注意力由每日

感染確診新增數字轉向需入院及深切治療的病例，並發放已接種疫苗與未接種者的入院率和致死率比較，既敦促接種疫苗，也讓國人安心，同時堅持無須再訴諸「斷路」手段。2022 年 3 月頒佈「安全管理措施」（Safe Management Measures, SMMs），針對安全距離、群聚、工作場所要求等，強調社會責任。Delta 之後 2021 年底又見 Omicron 肆虐，感染確診日增個案急升，曾高見 24,000 宗（2022 年 3 月 1 日），後漸回落，至 6 至 7 月再升（近半屬 BA.4 and BA.5 亞毒株），7 月中曾近 16,900 宗。8 月後期平均每天新增2,000 多宗，重症和致死率偏低。自 2021 年下半年起，確陽及輕症者無須送院，可居家隔離復原。

在東南亞國家中，新加坡乃開放國門之先行者，其他東盟國家如馬來西亞、印尼和泰國等亦陸續重開門戶，恢復免隔離入境，以重振旅遊業及挽救經濟。8 月 29 日新加坡政府進一步放寬入境限制，未完成接種新冠疫苗的旅客只須出示出發前 2 天內的陰性檢測證明便可，無須再強制隔離。此外放寬室內口罩令，只有在醫療場所及搭乘公共交通時才強制佩戴口罩。

韓國

韓國近年經歷 2014 年世越號渡輪沉沒慘案及 2015 年 MERS 疫爆，危機意識和應急機制大為加強。當年 MERS 從東亞蔓延到全球，韓國成為沙特阿拉伯外，全球感染速度最快的國家，38 人致死、郵輪逃離、航班取消、股市大跌、鬧市猶如死城。事後檢討，歸因於政府失靈及誤判失機，而且信息不夠透明，導致虛假消息滿天飛，動搖社會穩定，打擊經濟。

吸取過去慘痛教訓，韓國政府面對新冠病疫不敢怠慢，跟貼疫情最新變化，提高防疫措施的敏捷度。2019 年底武漢傳出有不明肺炎病例，韓國疾病管理本部（即疾控中心）已加緊監察，2020 年 1 月 3 日把傳染病風險警戒級別由藍色升至黃色（依嚴重性分藍黃橘紅四級）。1 月 20 日仁川國際機場發現首宗確診，旋即啟動應急防疫機制，1 月 28 日升至橘色警戒，2 月 23 日因應疫情開始在全國和全球擴散，改為紅色最高級別。2 月 26

日，國會通過「冠狀病毒三法」，即《傳染病預防及管理法》、《檢疫法》和《醫療法》；2月下旬起執行社交距離限制，要求民眾佩戴口罩及避免人群密切接觸。

此外，政府加強信息發放，各地方政府每天直接向居民發出緊急短訊，傳達最新疫情和趨勢。善用信息能一石二鳥，既有助人民維持危機意識，又同時對政府的抗疫準備和能力安心。由總理主持的中央災難安全對策本部，指揮各部委（包括警察、消防）防控疫工作，各道、市等災難安全對策本部皆由地方最高首長牽頭；中央和地方事故處置本部作為實施機構，此次中央本部由衛生福利部長牽頭。在整個抗疫過程中，中央指揮系統、中央與地方及地方之間的配合，以至政府與企業和公民社會之間的合作，皆成關鍵。專業方面，原隸屬於衛福部的疾病管理本部於 2020 年 9 月更升格為獨立的疾病管理廳。

除上述疾控應變架構發揮作用外，韓國一開始便重視「3T」（即 testing, tracing, treatment，檢測、追蹤、治療），抗疫策略上偵測、圍堵及治療三管齊下。偵測包括檢測篩查、社會及病理監察，全面而深入，全靠大量生產檢測包及充足的實驗室測斷能量。韓國近年生物藥劑業高度發展，新冠下獲批出口的檢測包便超過 70 款，配合以先進的資訊科技、人工智能及其他電腦技術，有助加快加大檢測的速度和準確度。為了盡廣盡快篩查以找出確診者，不單檢測站遍佈全國，至 2020 年 5 月便已有 640 個，不斷增加以方便民眾，而且極具創意心思，值得一提的是全球首創 drive-thru 和 walk-thru 檢測，後來（釜山）又試驗「秒 speed thru」。[3]

圍堵的關鍵在於利用資訊科技、全球定位系統（GPS）技術及大數據等，追蹤入境者和確陽案接觸者，人們可下載自我診斷、自行隔離等手機程式；政府開發了全自動及電子化的傳染病學調查支援系統，把接觸追蹤連分析所需的時間減至 10 分鐘。治療方面，韓國的病床與人口比例居世

---

[3]　「得來速」（drive-thru clinic）檢測，方便駕車族，10 分鐘就能讓民眾在車裏完成採樣。小電話亭式的「walk-thru 安全檢測亭」功能相當齊全，裝設負壓設備並有紫外線消毒燈，門板挖空兩個洞設置醫療用長手套，方便醫護人員將手伸進去做採檢，降低被病毒感染的風險。「秒 speed thru」，乃由採檢人員進入負壓空間，將手伸出去，對開放空間的民眾進行採驗。

界前列（2017 年為每千人口 12.3，香港為 5.7，新加坡為 2.47），讓它有較大的醫療容量去應付病疫，中央及各地災難安全對策本部指定 74 所醫院（超過 7,500 病床）作新冠醫院。但為免超負，仍對確陽者慎重分流，輕症者只需進入地方設立的公共療養所。

韓國在篩檢和接觸追蹤的表現令人矚目，應對疫情敏捷，部署精密，危機意識和溝通到位，官產社合作，而且善用高新科技，乃新冠抗疫典範之一。當發生群組感染時（佔感染個案三分之二），快速的接觸追蹤、對高危接觸者的監察，加上地方上的社交距離措施，大大有助遏阻疫情蔓延。韓國多次發生因宗教聚會（最嚴重者莫如 2020 年 2 月新天地教會的超級群組感染），讓無症狀的新冠病毒大片擴散（如大邱市），若無上述精密的檢測追蹤方法，後果堪虞。

韓國擁有龐大的生物醫療生產能力，一直與疫苗開發商合作，參與生產（如 Moderna、AZ、Novavac）。2021 年 2 月起，推行全民免費接種疫苗計劃，疫苗供應充足，有近 2 億劑（包括不同牌子）；至 2022 年 8 月，完全接種率超過 86%。儘管第三劑疫苗的覆蓋率較高（已逾三分二），但 Delta 和 Omicron 先後衝擊，均造成疫情重大波動。2022 年 1 月起，感染數字急升，3 月 17 日單日新增確診衝上 62 萬例之高點。韓國以「速度感」防疫廣被國際稱許，但為何疫情會驟然大變，致當地醫院一度無床可用，首爾竟有上千名確診者只能在家苦等及到院前死亡之悲劇頻傳？有認為乃因政府低估 Omicron 威脅，放鬆太快，於 2022 年 2 月上旬宣佈調整防疫措施，放棄過去兩年使用的「3T」策略，讓政府與整個社會減低了對病毒的警戒。

韓國支援就業企業和紓緩民生方面相對積極，早於 2020 年 3 月已宣佈採取規模達 50 萬億韓圓的補助計劃，穩定疫情下受衝擊的民生和經濟，包括向中小企商業者提供金融救濟、擔保貸款，銀行和金融機構延後還款期限等。2020 年 7 月，政府推出名為「韓國新政」（Korean New Deal）的復元計劃，動用 160 萬億韓圓；年底又公佈新補助計劃，對受第三波疫情影響的中小企業和自營業者等提供補助，金額共達 9,300 億韓圓。至 2022 年 1 月，因應 Omicron 衝擊，政府再推出 14 萬億韓圓的補充預算案，主要用於補助受疫情及防控措施打擊的小工商業者和自營者。

在衡量經濟和疫情下，為了經濟復元，韓國最終也像新加坡般走向與病毒共存的策略，以更豁達的心態去面對病疫，放寬國際通關，減少社會活動限制。政策調整後，已經不把新冠當嚴重傳染病，無症狀確診者改為居家隔離。雖然確診數字嚇人，但在院危重症患者比率極低（8月下旬每日新增 500 多宗，為每 10 萬人口之 0.99），現在控疫重點針對高危、長者及重症，並放棄做大量檢測追蹤，一反疫情前期做法。

目前生活上及各業已基本回復正常，取消戶外佩戴口罩的限制，確診者居家隔離，但不再強制。並且開放國際旅遊，自 2022 年 6 月 8 日起無論是否已接種疫苗，皆不用入境隔離，防疫部門表示免隔離雖或令防疫風險略升，但國內已透過大面積感染和疫苗接種實現群體免疫。7月疫情再升，8月中日增感染曾見 18 萬宗，BA.5 亞毒株檢出率超過確診例的四分三，8月底徘徊於 10 萬宗上下。8 月 31 日中央災難安全對策本部表示，從 9 月 3 日起，所有國內外旅客入境均無須提交新冠核酸檢測陰性證明，但仍須在入境後一天內接受核酸檢測。

日本

日本近年雖沒有像中國內地、香港、台灣，以及新加坡等國家和地區般經歷 SARS，或韓國般受 MERS 襲擊，但因其地處火山帶，經常發生大小地震，一直對災害高度警戒，國民從幼小學生階段便須作防震演習。1995 年阪神大地震和 2011 年「3‧11」東日本大震災連海嘯，至今仍屬日本人集體難忘之痛。在此生活離不開防災的社會，風險意識應不在話下，遇上新冠病毒病疫，本應處變有序，可是在現實情況下，雖控疫遠較歐美有效，但也暴露了一些問題。2020 年 1 月 9 日，一名由武漢返回日本者證實確診，2 月初「鑽石公主號」船上感染和封船事件，[4] 造成 700 多人確診及 13 人死亡，引起國際廣泛注意，成為日本新冠疫情的序幕。2 月 27 日宣佈

4　「鑽石公主號」豪華郵輪船上發現感染，停舶於橫濱港，國際乘客連船員 3,000 多人，至 2020 年 2 月 19 日才始准逐步檢疫上岸，3 月 1 日全員離船，最後共有 700 多人確診及 13 人死亡。

國小、國中、高中停課到 4 月初。

日本政府早於 2020 年 1 月 30 日便在內閣（大臣級）會議下成立「新冠肺炎感染症對策本部」，由首相主持，副本部長為內閣官房長官、厚生勞動大臣及負責對策特別措置法相關事務的國務大臣，而地方上各都道府縣亦設置相應的「對策本部」。中央對策本部下，設立「新型冠狀病毒感染症對策專門家會議」（以聽取醫療專家意見）及「基本的對處方針等諮問委員會」，前者於 6 月改為「新型冠狀病毒感染症對策分科會」（分科會即小組委員會），成員包括感染症專家、自治體人士及危機管理專家等。專家會副議長、後分科會會長為世衛組織前西太區主任尾身茂，一直扮演重要角色，經常與首相或內閣官房長官一起宣講政策。但日本仍是由傳統官僚指揮的體制，首相在聽取專家意見後再做出決定，政治考量往往優先於醫療考量。

日本防控疫政策軟性，重於非藥物介入手段，不強制篩檢封鎖，且由於二戰後日本新憲法賦予人民完全的移動遷徙自由，因此遇上新冠疫情，最多只能依照東日本大地震時制定的「非常事態宣言條例」行事，宣導人民盡量不要出門。但條例只能勸導，無法強制開罰，主要依靠國民自覺的社會規範，加強自律，如尾身茂呼籲國民比平時減少八成之人與人接觸、避免「三密」（即一、密閉空間：通風換氣不佳的地方；二、密集場所：人員聚集的地方；及三、密切接觸場合：在伸手可觸碰到對方的距離內對話或發聲），去達致紓控疫情之效。日本民眾長期保持着良好的衛生習慣，積極洗手並慣戴口罩，對集體性要求具遵從的文化傳統，故不用處處以法規和執法手段去推動行為。事實上，兩年多的疫情期間，日本一直未有規定佩戴口罩或強制接種疫苗，只靠自發及社會上的群體壓力。

這樣的社會文化特質可說他國難及，並且在疫情初段產生作用，令日本的確診病例和致死率均處低點；按英國牛津大學的「政府抗疫應對措施追蹤」，日本的約束強度低於很多亞歐美國家。中國內地和韓國厲行大規模檢測及「前瞻性追蹤」（prospective tracing），而日本側重於找出超級傳播者。由於新冠屬無症狀傳播、變種力強，致疫情時低時高，軟性抗疫策略有時會顯得遲鈍被動，且日本處事文化多幕後磋商，安倍晉三政府期間便

在疫情評估、檢測門檻設定，以至由全力推進 2020 東京奧運會至終於延期等，出現猶豫反覆，不若中國內地、韓國和新加坡般果斷和具速度感，行動有時落後於形勢，例如日本要到 2021 年 1 月後才實施入境旅客核酸檢驗及強化居家隔離防疫，讓隱性帶原者或多或少進入了國內，增加擴散。

有專家學者認為，日本政府因為要舉辦東京夏季奧運會（原訂於 2020 年 7 月 24 日至 8 月 9 日舉行），意欲維持邊境開放的形象，使疫情於 2020 年初最關鍵的蔓延時刻無法得到有效控制。全球感染日趨嚴重後，國際奧林匹克委員會於 2020 年 3 月 24 日宣佈奧運會延期一年舉行。安倍首相一直以經濟考量優先，防控疫論述全交給專家們如尾身茂等。2020 年 4 月底，國會批准總額達 25.69 萬億日圓的史上最大規模補充預算案，主要用於應對新冠疫情，以發行國債來籌措；政府前後通過實施總額 117 萬億日圓的抗疫緊急經濟對策。

地方政府（如東京、大阪）更重視本地疫情和民眾反應，故其資訊透明度及回應速度往往都較中央政府為高，且基於地方自治原則，中央跟地方政府摩擦日多，當中以安倍政府與主張更積極應對的東京都知事小池百合子之間的矛盾最為突出。小池百合子早於 2020 年 3 月曾說，若情況失控，首都也將封鎖，逼使安倍首相於 4 月 7 日首次宣佈「非常事態宣言」，東京都、大阪府、神奈川縣、福岡縣等地區進入緊急狀態；4 月 16 日，緊急命令擴及日本全國。5 月，疫情趨緩，當局分兩階段放寬「外出自肅」（避免外出）及「停業籲請」，於 5 月 25 日全面解禁。

小池百合子也是最早提出與新冠病毒共存者，於 2020 年 6 月 12 日宣稱今後「從自肅進入了自衛的狀況」，在實施防疫對策之同時振興經濟和維持社會活動。2020 年中，日本看似走出疫境，政府便動用近 1.68 萬億日圓資助，於 7 月 23 日起推出「Go to」運動：Go to Travel, Go to Shop, Go to Eat 及 Go to Event（去旅遊、去購物、去飲食、去活動），以刺激消費、振興經濟。不過在東京、大阪等疫情較重地區的民眾紛紛前往外縣市旅遊後，無形中增加了人與人接觸的機會及傳染風險，直到年底第三波疫情出現，這運動才於 12 月緊急叫停。

2020 年 9 月原內閣官房長官菅義偉接任首相，繼續經濟考量優先，重

點支援中小企業，並力排不少專家意見，決定於 2021 年 7 月舉行東京奧運會。日本感染人數從 2021 年 3 月開始增加，但 6 月中旬開始減少。惟東京奧運會舉行後再出現第五波疫情，8 月下旬感染增加，10 月卻又開始減少，至年底及 2022 年初因 Omicron 爆發再升。過去兩年多，日本中央政府四次發出非常事態宣言（2020 年 4 月、2021 年 1 月、4 月及 7 月），但成效漸次減退。在多次宣佈緊急狀態後，不少民眾尤其年輕人已經厭倦了各種限制，遵從熱度冷卻。儘管菅義偉首相屢次否認疫情惡化與舉辦奧運有關，但奧運期間的輕鬆氣氛確使部分民眾放鬆警惕，他也承認東京都的醫療系統陷入極為嚴峻之局，呼籲國民避免「不必要不緊急」的外出，推遲返鄉和旅遊的計劃；然而國內跨地區出行顯著增長。由於被批抗疫不力，菅義偉於 2021 年 9 月自動下台。

接任的岸田文雄初期走強硬路線，於 2021 年 11 月底禁止外國人入境，其後收緊至包括外國學生和商人。Omicron 肆虐下，感染急升，日增超過 10 萬宗，這第六波疫情令政府對東京、大阪等若干都縣實施局部非常事態措施。2022 年 3 月中疫情回落，限制取消，但防疫疲勞遇上長假令感染再度加劇，4 月黃金週過後，僅東京的感染人數便跟當年初及 2021 年底相似，每天新增上萬。跟上兩年不同，日本政府在 2022 年黃金週期間為國內旅遊大開方便之門，既欲恢復大受新冠打擊的旅遊業和相關產業，更因抗疫疲勞及日本疫苗接種不斷普及，愈來愈多人相信已出現「弱毒化」。雖然感染者比上兩年的黃金週大幅增加，但輕症者佔大多數，重症者減少，入院率僅為 2%－3%，沒有造成對醫療體系過分沉重的壓力。[5]

日本預計，跟不斷變種之新冠病毒的鬥爭將持續很長時間，已有一些地方政府及執政自民黨和在野黨人士，建議審查新冠病毒在《傳染病預防和傳染病患者醫療法》中的位置，把它降級。岸田首相很清楚乃屬於「與病毒共存」派，致力恢復國際正常通關，重振經濟，自 2022 年 6 月起有條

5　到 2022 年 4 月 20 日為止，日本全國新冠重症病床使用率最高的愛媛縣為 21%，多數地方是單位數或零，跟 2021 年黃金週的處境，有點天淵之別。

件地（包括已接種疫苗）接受外國旅遊團入境，惟限於每天 2 萬人配額。[6]
民意普遍認同政府的政策調整。[7] 踏入 7 月下旬，出現第七波疫情，持續
升溫，47 個都道府縣中有 22 個單日確診病例破頂，不過整體死亡和重病
人數仍處較低水平。專家認為這波疫情主因是 Omicron 亞毒株 BA.5 快速擴
散，以及疫苗的保護力開始下降。目前第四劑疫苗接種對象仍限於年長和
體弱者，以及醫院和長者院舍工作者。

　　政府勸喻國民提高警覺，並向發燒的門診就診者免費發放抗原試劑
盒，讓其自我檢測，輕症和無症狀者居家隔離，但不打算重新收緊社交距
離。8 月 23 日，日本全國知事會要求放棄掌握全部新冠感染人數，轉為
採取僅報告長者及重症個案的「現實做法」，以重新分配資源，緩解前線
以至整個醫療系統的壓力。岸田首相於 8 月底先後宣佈，自 9 月 7 日起所
有入境旅客只要已接種三劑疫苗，就毋須提交出發前 72 小時的核酸檢測
陰性證明；以及開放無導遊的旅行團入境觀光，並上調每天入境上限至
5 萬人。8 月底，單日新增感染及死亡（7 天滾動平均數）分別近 20 萬及
280 宗。

6　日本 2007 年制定「觀光立國」政策，將旅遊業定位為日本經濟增長重心，希望藉着善用旅遊資源，活
　　化地方經濟，創造就業機會。日本配合 2020 年東京奧運更訂下該年訪日旅客 4,000 萬人次的目標。日
　　本自 2022 年 2 月開始放寬入境，不過入境人數有限制，6 月 1 日才由 1 萬提高至 2 萬。每日 2 萬人即
　　一年 730 萬人，雖然解禁意義重大，但跟 2019 年的 3,188 萬人次相比，只是兩成多而已。之前佔日本
　　入境旅客人數 26% 及在日開支達 34% 的中國內地遊客，因國家清零政策下禁止人民非必要出國，何
　　時重遊日本，仍是未知數。

7　據《產經新聞》與富士電視台新聞網（FNN）7 月底民調顯示，岸田內閣的支持率為 62.4%，是就任以
　　來連續十個月支持率逾六成。

第七章
西方國家抗疫兩極化

　　西方的經濟發達國家實行民主政體，社會開放，教育和醫療衛生水平高，在應付新冠病疫方面理應有良好表現。但是實際上卻優劣參差，以屬於 OECD（經濟合作及發展組織）（常被稱為「富國俱樂部」）的歐美澳成員國而言（不計屬於亞洲的日韓兩國），歐陸諸國均飽受冠毒肆虐，英國和美國的疫情最為嚴重，但南北中歐取態和策略不盡一致，成效亦有所差異。最大異數乃位處大洋州（南太平洋）的澳洲和新西蘭，其防控疫一直表現出色，後者尤甚。

　　因中國內地防控疫成功，有認為威權體制較能動員抗疫，於是西方民主政體的一些辯護者往往舉澳洲和新西蘭去作回應，說明民主制度能取得民情信任以發揮作用。但是，作為老牌議會民主國家的英國及二戰後最強的民主超級大國美國，科技研究領先，為何卻在新冠大疫下潰敗，成為感染確診率和致死率高企的重災區，被喻為「佛系抗疫」，英國甚至被譏笑為「歐洲病夫」，主要乃其國家領袖輕率狂妄、罔顧疫情，只重政治炒作之故。

　　本章先分別評述屬於抗疫「領先者」的澳新兩國和屬於「滯後者」的英美兩國，就其危機應變策略和領導力作出比較。四國的疫情變化，可見諸日增確診病例及致死數字（以 7 天滾動平均計），見圖 7.1 和圖 7.2。然後下一章再選取可籠統稱為屬於「歐陸混合模式」的北歐國家、意大利、荷蘭、德國和法國，以及其他個別具一定代表性的大國（俄羅斯、印度、南非和巴西），簡析它們各自抗疫情況，以加深體會危機處理的經驗和啟示。

圖 7.1　　澳洲、新西蘭、英國和美國日增確診病例走勢（以 7 天滾動平均計）（按
　　　　　Our World in Data）

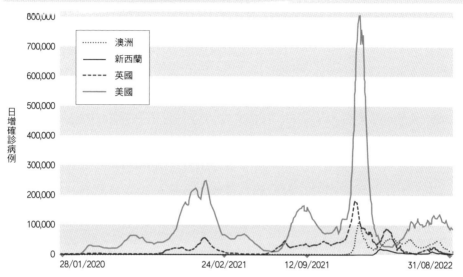

資料來源：Our World in Data, https://ourworldindata.org/covid-cases.

圖 7.2　　澳洲、新西蘭、英國和美國日增致死數走勢（以 7 天滾動平均計）（按 Our
　　　　　World in Data）

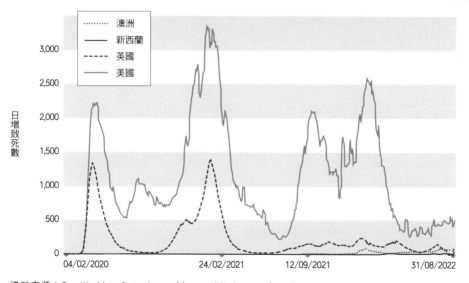

資料來源：Our World in Data, https://ourworldindata.org/covid-cases.

澳洲

長期以來，澳洲在生物安全（biosecurity）國策下，採取極為嚴格的動植物通關檢查檢疫措施，防止外來病毒侵害其原有的大自然生態。2020年初新冠病毒在中國爆疫，澳洲提高警覺，尤其因它剛於2019年底經歷一場連月的叢林大火，破壞面大，國民怨聲載道，聯邦政府被指抗災不力，時任總理莫里森（Scott Morrison）備受譴責，最後成立皇家調查委員會（Royal Commission of Inquiry）查究，對政府很多批評，因此更着力欲藉新冠抗疫作政治翻盤。

澳洲因屬聯邦政體，在緊急事態應變上有所分工，具體應對的責任在於州政府，而聯邦政府則作出所需的協調統籌（主要透過名為澳洲政府會議［Council of Australian Governments］的機制，簡稱COAG），以及提供財政和物資上的支援，維持全國性的「國家醫療物資儲存」（National Medical Stockpile）。聯邦制對抗災有利有弊，一方面讓各州按當地具體災情因地制宜，但有時又會產生治災工作責任不清，形成混亂（2019年大山火乃顯例）。2020年1月25日發現首例確診，聯邦政府的衛生防護委員會（成員包括各州之首席醫務官）便每天開會，評估疫情，提出建議。2月29日出現首宗死亡個案後，聯邦政府啟動採購個人防護物資；十二天後COAG開會簽訂全國夥伴協議，並從此進入抗疫的所謂「國家內閣」模式（National Cabinet），取代COAG，由聯邦總理召集各州州長共議抗疫對策，作出重大決定。

大抵上澳洲的防控疫以積極遏阻為策略，手段包括：嚴守邊防，以免輸入病毒；國內各州也實行州際邊境管制；以及各州自行實施社交距離、限聚限行、檢測追蹤及隔離等限制，寬緊程度及覆蓋面視乎當地疫情，一度出現酒店隔離洩毒事故，引來對執行鬆懈之非議。一般印象是，州政府較重嚴控，但聯邦政府因國家財經考慮而較傾向寬鬆，不主張州際動輒封鎖邊境。疫情打擊經濟，為紓解民困、支援企業與就業，聯邦政府於2020年以高額財赤去推出各項措施，2020–2021年度達2,140億澳元，相等於GDP的11%，包括涉1,300億澳元的保就業計劃。抗疫支出推高國債，最

終達至 GDP 的 44%。

　　2020 年 3 月 19 日，由於讓停舶在悉尼港的「紅寶石公主號」郵輪（Ruby Princess）上的受感染乘客上岸，造成新南威爾士州近 350 例確診和 22 宗當地死亡個案。早期維多利亞州受疫情影響較大，長者院舍告急，2020 年 3 月中該州進入緊急狀態，之後放寬，但 7 月至 10 月又在抗議聲中再實施 112 天第二輪封閉，疫情才告受控。當時澳洲看來似戰勝冠毒，可放寬入境及讓滯外的國人回國，但 2021 年中 Delta 爆發，維多利亞州再成災區，再度封城，且新南威爾士州尤其悉尼市也見感染蔓延，須實行外出及營業管制。直至 2021 年末，澳洲的確診率和致死率以國際比較而言均處低位。

　　不過，澳洲在疫苗接種速度方面落後於一些歐洲國家及新加坡和韓國，且曾出現供應不足及對 AZ 疫苗的懷疑，引起混亂，2021 年 8、9 月向多國調購或換購其他疫苗，致影響其整體防控效果，為國民所詬病。2021 年底，隨着逐步提高處所作業的疫苗強制措施，接種進展加快，雖然引致上千人在一些大城市包括悉尼和墨爾本等抗議，但也讓聯邦政府增強放寬入境、恢復國際旅遊的信心，以回應要求社會復常和重振經濟的壓力。2021 年 7 月，聯邦政府已宣佈分四階段邁向國境全面復開、生活回常的計劃，大前提是成人疫苗完全接種率（兩劑計）達到八成。至 2022 年 7 月，全國 16 歲及以上疫苗完全接種率已達 83%，澳洲對外全面免隔離入境，內部所有州際通行限制撤銷，社會面恢復正常，民眾不用佩戴口罩，實行與病毒共存；8 月底完全接種率近 85%。

　　總的來說，澳洲防控疫表現優於歐美各國，但 Delta 和 Omicron 先後冒起後，感染確診增多，不過市民大抵上滿意政府的應對表現（縱使存在一些反限制、反封城、反疫苗的聲音），各州政府民望均普遍上升，2022 年 3 月西澳州長麥高文（Mark McGowan）的公眾信任度高見 88%！惟聯邦政府執政的自由黨—國家黨同盟卻未受益於抗疫表現，主要因為莫里森總理的作風為大多數民眾厭棄，致輸掉 2022 年 5 月的國會大選。新的工黨政府上台後，繼續朝着重開國家的方向進發。Omicron 亞毒株 BA.4 和 BA.5 的出現令感染率及致死率不下，有專家建議接種第四劑疫苗以強化抗疫力，但政府仍進一步放寬入境限制，宣佈 7 月 6 日起入境的外國人無須申報疫

苗接種情況。

　　新政府亦決定調查上任政府採購疫苗及治療藥物滯後的情況。7 月感染個案復升，全國曾見日增達 5 萬宗，至 8 月底（以 7 天滾動平均計）回落到 1.1 萬宗左右，不過致死率仍低。儘管澳洲醫學會及一些州的首席醫務官均主張提高警戒（包括佩戴口罩和居家工作），但聯邦和州政府皆拒絕下強制令，只作「強烈建議」呼籲，且「國家內閣」商討後同意自 9 月 9 日起感染但無症狀者的強制居家隔離由 7 天減至 5 天。8 月中，政府停用官方 COVIDSafe 手機應用程式，理由是該兩年前斥資 2,100 萬澳元開發的程式在追蹤個案上效用極低。

新西蘭

　　OECD 成員國中，以新西蘭的防控疫表現最佳，有一段長時間穩居彭博（Bloomberg）的新冠復元排名最前列（2021 年 8 月被評為首位）。本來面對新冠病毒來犯，新西蘭的應對條件並非理想，因它國小人稀，缺乏生產醫療物資（如個人防護物、呼吸機等）的能力，一切得靠輸入，且檢測設備有限，醫護系統分散，深切治療病床比例偏低（以每 10 萬人口計是 4，澳洲的比例是 9，法國是 16，德國是 34），傳染病專業薄弱，也未設立專門的疾控機構，可以說欠缺防控疫的既有準備和實力。

　　新西蘭能夠突圍而出，主要靠兩點：一是策略目標明確，旨在消滅病毒（elimination），就像中國的清零政策；二是及早動員全政府，2020 年 1 月 27 日（即首宗確診病例之前一個月）便已啟動總理及內閣事務部下的「國家安全系統」，統籌防控工作，成為一支全政府的團隊，由各部門抽調精要人員，人數不多，着重應變決策速度。內閣同時成立領導抗疫的專責小組，政府積極動員醫護和社會參與，注重向國民作鼓勵性宣傳及遵從科學的專業意見，由總理阿德恩（Jacinda Arden）出來主持定期的新聞發佈會，解釋政策，匯報疫情。衛生部總幹事布魯姆菲爾德醫生（Ashley Bloomfield）成為抗疫運動的標誌人物，一些人甚至把其頭像印在 T 恤上。這種被喻為「五百萬人團隊」（新西蘭人口稍多於 500 萬）的精神，可與

中國的舉國動員類比。

　　阿德恩當初的名言是：「要狠要快，力保新西蘭人健康」（"we must go hard, and go early, and do everything we can to protect New Zealanders' health"）。其決心和進取的領導力是新西蘭抗疫成功的要素之一，使國民大受感召，讓她在 2020 年 10 月國會大選中帶領工黨取得該國歷來罕有的一黨過半佳績，成功連任總理。疫前政府按民調的信任度只及五成多，疫情第一波後升至八成，可見其治疫能力廣受人民肯定。雖然新西蘭長期採取保守的財務政策，但疫情下政府用於紓民困、挺企業的財政措施，比例上較澳洲更慷慨，達 GDP 之兩成，其中一個因素乃國家累積了一定儲備，不用大幅舉債。

　　新西蘭一直是西方國家中對防控疫採取最為強硬政策的國家，比澳洲更為嚴厲，多次局部或全面封城封國，人民大抵上認同阿德恩總理的策略。從果斷行動去看，2020 年 2 月 3 日新西蘭便禁止非國民／居民由中國內地進境，3 月 16 日對所有入境者實施 14 天自行隔離，3 月 20 日全面封關（國民居民返國除外），同時宣佈一個四級風險評估機制：第一級是準備期（prepare），以圍堵疫情為主；第二級是減低風險（reduce）期，表示疫情已增強並在擴散，須限制群聚和旅遊；第三級是加強管制（restrict）期，取消公眾場所活動和聚會；至第四級則全面封鎖（full lockdown），須居家不外出。

　　2020 年 3 月 22 日先進入第二級限制，但旋於 3 月 26 日全面封城，直至 4 月 27 日，然後隨疫情緩和而逐步把風險降級，至 5 月中回復第二級，6 月上旬再改為第一級。其後新西蘭曾享有 100 天無社區傳播，惟因 8 月中旬破零，人口最多的奧克蘭市先行作第三級封城四天，10 月初返回第一級。沉寂一段時間後疫情再起，公共交通及航班上強制佩戴口罩。2021 年 2 月 18 日奧克蘭市再進入第三級封城，而全國則為第二級，直至 3 月上旬。隨着疫情持續改善，生活逐步復常，4 月 19 日起新西蘭與澳洲展開互免檢疫的「旅遊氣泡」安排，方便兩國人民往來，但於 7 月下旬因 Delta 突起而被澳洲叫停。8 月 12 日阿德恩宣佈封關至年底。

　　儘管疫情受控（直至 2022 年初 Omicron 爆發），新西蘭一樣存在反限

制、反封城、反強制接種疫苗的聲音。2020 年 5 月政府已推出手機追蹤程式，但一直下載率不高，低過澳洲，至 2021 年 2 月才只近人口的半數下載；由於 8 月再次封城，而奧克蘭市封城更維持至年底，商業及其他活動處所皆強制使用追蹤程式，才令下載率加速。另一方面，新西蘭早於 2020 年 10 月便訂購 BNT 疫苗，及後增加其他牌子（如 Johnson & Johnson、AZ、Novavac 等），2021 年 2 月展開接種計劃，惟早期民眾對接種疫苗並不算十分積極，至 8 月底完全接種率才達人口之 27%。10 月政府宣佈與人接觸度高的行業實行職工強制接種疫苗，涵蓋四成僱員，曾引來上千計反對者抗議，但阿德恩頂住，説他們不代表絕大部分新西蘭人民。[1]

正因疫苗接種不足及政府的「消滅病毒」政策，才經常依賴封關封城手段，但抗疫兩年後，人民出現疲勞現象，經濟壓力也愈來愈大。2021 年 10 月初，阿德恩表示已接受新冠病毒無法消滅的現實，她説 Delta 改變了整個遊戲規則，因為這個變異株易感染、更頑強、揮之不去。政府由 2022 年初起分階段重開國境，主要依賴提高疫苗接種率和自我隔離。Omicron 肆虐下，新西蘭感染確診激增，2 月底日增初見 3 萬宗，3 月 16 日更逾 3.9 萬，大異於之前兩年，但重症和致死率偏低，而政府亦繼續其所定的開放國家政策，邁向復常。

至 2022 年 7 月，Omicron 及其亞毒株的疫情未見降溫。日增感染個案（7 天滾動平均數）由約 5,500 升至近 8,000 宗，入院和致死數字也微升，乃 4 月以來的新高，至 8 月回落，月底時（以 7 天滾動平均計）徘徊於 2,000 多宗。有專家擔心冬季來臨或會爆發新一波疫情，警告政府和民眾勿掉以輕心、一廂情願以為新冠危機已過；不過阿德恩總理不預期收緊限制。8 月 1 日起，新西蘭恢復全國開放，取消入境檢疫限制（但仍須疫苗證明），以挽救疲弱的經濟，特別是旅遊業。隨着社會進入疫後心態，阿德恩的個人抗疫光芒漸失，國民更關注物價上升和經濟壓力。

1　2022 年 2 月，反疫苗示威者在新西蘭首都威靈頓佔領國會周圍草地及街道二十四天，後警察清場，發生武力衝突，示威者離去前對營帳和其他設置放火。

英國

英國大抵上經歷三個階段疫情。第一階段，2020 年 1 月武漢爆疫後，不少西方國家視之為亞洲病疫，英國朝野也不例外，該國本被 2019 年全球保健安全指數（Global Health Security Index）評為快速回應和紓緩傳染病能力之冠，卻低估新冠病毒擴散全球之快。屬中央政府（即聯合王國）直轄的英格蘭公共衛生署且把新冠定為低風險，而政府的緊急事態科學專家顧問組（Scientific Advisory Group for Emergencies, SAGE）不主張篩檢入境旅客，除非他們顯示症狀（但新冠乃無症狀之病毒）。早期英國政府過分自信自滿，只當作一般有症狀可尋之流感看待，也因此抗疫準備不足，反應遲緩；時任首相約翰遜（Boris Johnson）還大聲疾呼不要讓冠毒造成恐慌、把市場封隔，這種非常樂觀的政治論調，相信跟當時英國剛正式脫離歐盟，需啟動擴大對外經貿有關。

至 2020 年 2 月 21 日，英格蘭公共衛生署始把風險評級升為「溫和」（moderate），而 SAGE 以模型預測最壞情景將有八成人口受感染，致死率或達 1%。但政府仍疏於具體部署，包括學校若需停課該如何安排。英國媒體並揭發新冠來襲時，有四成半庫存的個人防護裝備和八成呼吸器已經過期，但因財政原因未有更換！那時困擾英國抗疫決策的主要因素，在於一方面欲求無為式的群體免疫，另一方面怕加緊管制會讓民眾承受不了，故策略重點放在保護脆弱者，並以針對性介入手段紓緩疫情高峰時對其餘人口的衝擊，使減慢或控制傳播。

此外，儘管 SAGE 模型預測若無強硬遏阻措施會令國家保健系統（National Health Service）下的醫院「爆煲」，或致 25 萬人死亡，但政府還深信崇尚自由傳統的英國人民不可能接受封城之類的強制舉措，結果是一子錯滿盤皆落索。3 月 12 日，約翰遜首次警告國民：新冠帶來一代最惡劣的公衛危機，「很多家庭將會喪失至愛之家人」（"many families are going to lose loved ones before their time"）；但學校仍開，大型公眾活動如常。另最為諷刺的是，英國乃其中最早開發新冠病毒測試劑者，但卻由於檢測能力不足，只對最高風險地方進行檢測追蹤，且專家意見認為大模規社區篩檢只

於圍堵階段初期有效而非之後，造成檢測率偏低，至 4 月初政府才宣佈增加檢測（月底達到每天 10 萬試），產生信息混亂。

3 月財相辛偉誠（Rishi Sunak）推出首輪緊急支援企業的借貸和減稅方案，涉款 3,600 億英鎊；又表示由國家協助支付八成工資。3 月 16 日，約翰遜公開呼籲自發停止非必要的與他人接觸及出行，避開社交場所。政府內閣一直爭論應否封城，直至 3 月下旬，內閣抗疫專責會議後，才宣佈「居家不外出」的封城措施。3 月底，連首相本人也確診，全國慌張。4 月疫情高潮，醫院容量應付不來，遂拒收病人或加快出院，長者院舍成為重災區，死亡人數達 26,000。政府急急撥款業界為重症高危者生產創新性呼吸機，並利用空置的會議中心和音樂表演場館搭建類似中國方倉醫院的臨時治療所，稱為「南丁格爾設施」（Nightingale facilities）。又像他國般推出接觸追蹤的手機應用程式，但遲至 6 月中才落實。

2020 年中進入第二階段，約翰遜稱為「Whack-a-mole」策略（「打地鼠」，乃電子遊戲之一種），意即以緊控措施針對性打擊地方上的局部爆發，而全國其餘地方則仍寬鬆處之。由於公眾壓力，政府設法要各處所「新冠安全」（COVID secure），好讓在夏季美好天氣來臨時恢復營業，僱員重返辦公室，社交活動回復正常。但社區感染旋即上升，約翰遜反對實施「斷路」式封城措施，但因為疫情漸趨嚴峻，遂於 5 月宣佈全國性按各地具體疫情和傳播率（即「R」）作分級風險管制，由新成立的聯合生物安全中心（Joint Biosecurity Centre）向政府建議級別，共有五級，除第一級（綠色）表示新冠已去外，其餘四級標誌疫情的遞增程度，第二級表示確診和傳播率偏低，第三級表示病毒在擴散，第四級表示傳播率高或在上升，而第五級（紅色）表示醫療系統有實質淪陷之險。

政府向人民發出新冠風險警示分四級，最高風險為第四級（Tier 4）。對社會活動的限制措施按級別而定，如第三級所有酒吧停業，第四級要求人民居家不外出，實質封城。萊斯特市（Leicester）乃於 7 月初實施本地化圍封的首個城市。新策略引起一些城市反彈，但蘇格蘭等自治區域卻收緊接觸限制。至 10 月底，才宣佈全國封城四週，以紓緩國家保健系統的負荷，以及「救聖誕」，務求屆時得以社會回復正常，慶祝過節。但 12 月中

旬疫情惡化，倫敦及英格蘭東南部升至第四級警示，禁止一切家庭探訪聚會及非必需的零售營業。聖誕節被迫「縮短」，2021 年 1 月 4 日全國再封城，至 3 月中旬才逐步重開。受疫情影響，2020、2021 連續兩年政府取消高校畢業公開試（GCSE 及 A-Level），改以校內評核作為投考大學作準的成績，至 2022 年中才恢復，但撤試與復試均引來學生焦躁不安，家長和教育界頗多爭議。

第三階段見英國率先推出疫苗接種計劃，此可理解，因它是疫苗生產國，2020 年 1 月已進行研究，英國政府並撥款 2.1 億英鎊支持，其與 AZ 生產商之合約規定疫苗優先供應英國，曾引起歐盟強烈批評。由於疫苗接種進展良好，遂進入第四階段，約翰遜宣佈 2021 年 7 月 19 日起取消所有新冠限制，包括社交距離和佩戴口罩的規定，但蘇格蘭和北愛爾蘭仍維持強制佩戴口罩，放寬限制較慢。此階段實質進入「與病毒共存」，回復依賴群體免疫效應。不過政府仍制定 A、B 方案，前者靠疫苗及檢測追蹤，後者恢復限制甚至封城。2021 年底 Omicron 肆虐，遂於 12 月 8 日啟動 B 方案，但民眾因抗疫疲勞而反應日大，連執政的保守黨內也呈反彈。

英國政府處理新冠病疫的整個過程，除因早期低估冠毒威脅、反應遲緩、搖擺不定，以及高承諾低落實的政治作風之外，最為國民詬病的，乃約翰遜及高層閣員官員的輕率態度，甚至違反自己政府所定的社交距離及限聚封城措施，當中包括時任衛生大臣夏國賢（Matt Hancock）、SAGE 顧問弗格森（Neil Ferguson）和首相首席顧問卡明斯（Dominic Cummings）等違規，以及首相府開派對，使民眾感到官有官的潛規則，政府高層形同權貴俱樂部。政府高層不單違規，而且約翰遜就開派對之事多次否認知情，後經由內閣辦公室副常務次官（屬公務員）格雷（Sue Gray）的獨立調查發現並非屬實，加以譴責，警方也向約翰遜及其他官員發出罰款告票，是為「派對門」（"partygate"）醜聞事件。保守黨陷入政治危機，[2] 最終 7 月初因

2　2022 年 5 月保守黨於地方選舉受挫，黨內逼宮，6 月初保守黨議員發起的不信任投票中約翰遜僅「慘勝」，以 59% 信任票暫保保守黨黨魁及首相之位，但已大損其領導威信。6 月下旬，國會兩選區補選，保守黨大敗，更多人要求約翰遜下台。

約翰遜就保守黨副黨鞭平徹（Chris Pincher）性侵醜聞再說謊，觸發誠信危機，大批閣員倒戈，他始肯辭職。

英國於 2022 年 2 月取消所有限制，包括強制隔離，致儘管其人口已取得一定的自然免疫（因有逾三分一曾感染），但 Omicron 第二輪來襲時仍出現與首輪相若的嚴重後果，3 至 4 月曾見 97,000 宗入院及 15,000 宗死亡個案。隨着 BA.4 和 BA.5 冒起，疫情再度急升，但政府不再重啟管制。踏入 7 月感染一度日增逾 19 萬宗，情況直追先前 3 月時曾見之 BA.2 高峰，當中以蘇格蘭比例最高，而威爾斯及北愛爾蘭一週內升幅達四成，幸好疫苗有助減少入院和重症，需深切治療和靠呼吸機的個案只約 270 宗（2021 年 2 月高位時超過 3,700 宗）。8 月疫情稍緩，月底 7 天滾動平均感染降至 8,000 多宗，目前風險在於會否到年底冬季來臨時爆發另一波疫情。儘管疫情似在擴散，但是政府繼續放寬限制，只要求民眾接種疫苗及加強劑，多吸清新空氣，以及在擠擁和密閉空間佩戴口罩，並遵從政府發出的《與呼吸道感染病包括新冠病毒一起安全生活》指引。

美國

美國為全球最大經濟體，科技高端，醫療先進，但在新冠病疫中竟淪為重災區，令人莫明。究其原因，跟其內部政體政情，以及時任總統特朗普和其共和黨同路人罔顧人民生命安全、唱淡風險、一切但求政治炒作大有關係。一個期許為民主先導之國，為何會於 2016 年選出一個被批評為最大的 demagogue（煽動者）及胡亂說話、操守成疑的人去當總統，本身已反映美國近年民主變質，社會朝中間撕裂及極端民粹政治急速抬頭。的確，今天現實的美國已變成左右翼、紅藍兩陣營（代表共和、民主兩黨）、東西岸的自由主義與內陸及南部的保守封閉傾向之間，日益尖銳的政治對立和文化衝突。特朗普的勝出，標誌美國民主的敗退及制度失效。

此外，就抗疫而言，也涉及美國的聯邦制在總統領導失策下可以出現的「失能」（dysfunctional）和混亂乏章現象。遇上重大的緊急事態和災害，聯邦及各州皆有各自依憲法的權能和責任，可各自立法執法，有時州市政

府可不買聯邦政府的賬，我行我素，例如新冠疫情下，有地方政府拒絕施行佩戴口罩的強制令。而且，在聯邦和州／市執政的不一定屬同一政黨或黨內同一派系，政策取向常或有異，甚至南轅北轍，再加上本地民情因素，故產生不少政策上和信息上的搖擺紛亂。由於美國國內的差異可以很大，受地理環境、本地政治、行政架構、處事傳統與經驗影響所致，會造成危機處理的認知和步伐不一之格局，阻礙快速應變。而且，美國的醫療保障主要依靠私人保險，公共社保不足，任何大流行病疫若遇上政府抗疫不力，易招崩潰。

在如此分割分化的體制和政治生態下，若負起領導聯邦、統領三軍之責的總統，偏見先行、只求煽情、漠視形勢的話，則事情只會更為惡化，變成新增的人為性災難，新冠病疫就成為這樣的經典例子。由 2020 年 1 月武漢首先爆發冠疫開始，特朗普政府只顧攻擊中國，但在其國內未作出應有的防範，評論疫情時充分暴露其憑直覺、蔑視科學與專家、不信任員屬，有時甚至扭曲事實，如把新冠病毒輕描淡寫地形容為一般感冒或流感，又曾建議測試人體吸入消毒劑對抗冠毒之效。在其即興言論遭受批評時，特朗普便指說笑而已，毫不理會位高者慎言的道理。其副總統彭斯（Mike Spence）也曾於 2020 年 6 月 16 日在《華爾街日報》（Wall Street Journal）撰文，說不會有第二波疫情，一切已經受控，可見當時白宮中人是如何跟實際形勢脫節。

2020 年 10 月初，特朗普自己也因感染新冠病毒入院治療，但他於 10 月 10 日癒後在白宮首次向支持者講話時卻摘去口罩，現場民眾也未有保持應有的社交距離。疫情失控下，美國《新英格蘭醫學雜誌》（The New England Journal of Medicine）（世界頂級醫學學術期刊）三十五名編輯聯署題為「死於領導力真空」（Dying in a Leadership Vacuum）的文章說，新冠疫情給全球帶來危機，也給領導力帶來巨大考驗，但美國的領導人沒有受得住考驗，使這場危機變成悲劇，在應對疫情中，幾乎每一步都是失敗的。文章認為，「美國擁有令人羨慕的生物醫學研究系統，在公共衛生、健康政策、基礎生物學等方面擁有豐富的專業知識儲備，並一直有能力運用這些專業知識研發新療法和預防措施，……然而，我們的領導人在很大程度上

無視甚至詆毀專家，應對疫情一直不足。」[3]

　　美國缺乏抗疫準備，既見於主政者的心態，也見於一些地方醫療物資包括個人防護裝備供應之落後，而且聯邦政府未見好好發揮統籌作用，州政府常堅持自己準則，抗衡聯邦政策，連應否強制佩戴口罩已成為紅藍對壘、捍衛自由之戰。新總統拜登（Joe Biden）於 2021 年 1 月就任後仍是如此。一般而言，屬民主黨的州長比共和黨者較願採取管制措施，也更快實施居家令。抗疫未能全國一心，聯邦與州份互相卸責，再加上司法介入，更使抗疫政策缺乏明確性和穩定性。此外，也有批評關於新冠的公共溝通一敗塗地。[4] 拜登委任的美國疾控中心主任瓦倫斯基（Rochelle Walensky）於 2022 年 4 月起進行全面審查，評估疾控中心機構架構、流程等表現；報告尚未發表，但瓦倫斯基於 8 月承認美國公衛基建「脆弱」（frail）、疾控中心的作業狀態不足以有效回應新冠危機、資訊滯後混亂，需全面改革，採取行動主導的機構文化，強調問責、協作、溝通和及時。

　　常説疫情影響政治，在美國也見政治左右對疫情之危機認知與回應，不單耽誤時間，也錯失防控良機，而「半心半意」的舉措往往實效有限，最後導致疫情積重難返。綜觀過去兩年多美國的抗疫過程和表現，大致可分為三個階段。2020 年在特朗普主政下，防控力度如上文分析大大落後於疫情，此為第一階段。至 2021 年 1 月 20 日，自發現首宗感染個案的一年之內，美國死於新冠病毒的人數比其死於二戰期間的士兵還要多，死亡速度也遠高於二戰時士兵的死亡速度。1 月下旬，拜登接任總統，嘗試扭轉形勢，並重用曾被特朗普冷落的抗疫專家福奇（Anthony Fauci）為總統的

3　The Editors, "Dying in a Leadership Vacuum", *The New England Journal of Medicine*, 8 October 2020, No. 383, pp. 1479-1480, https://www.nejm.org/doi/full/10.1056/nejme2029812. 英文原文為："The United States came into this crisis with enormous advantages. Along with tremendous manufacturing capacity, we have a biomedical research system that is the envy of the world. We have enormous expertise in public health, health policy, and basic biology and have consistently been able to turn that expertise into new therapies and preventive measures. …. Yet our leaders have largely chosen to ignore and even denigrate experts. The response of our nation's leaders has been consistently inadequate."

4　Baruch Fischhoff, "The COVID Communication Breakdown: How to Fix Public Health Messaging", *Foreign Affairs*, New York, October 2021.

首席醫務顧問，進入第二階段，但過去一發不可收拾之疫情已造成嚴重
遺害。至 2021 年後段 Delta 和 Omicron 爆發，感染急增，美國進入其第五
波疫情，但抗疫策略邁向「與病毒共存」、社會復常、取消入境和內部限
制包括佩戴口罩。2022 年初，疫情一度穩定下來，但至年中，又因亞毒株
BA2.12.1 及 BA.4、BA.5 先後湧現衝擊，感染再升，成第六波之勢，此為第
三（即現今）階段。

　　疫情期間，勞工和企業的壓力迫使各級政府作出救濟及紓緩措施。以
聯邦為例，特朗普政府僅於 2020 年 2 至 4 月便批出四期支持家庭、減稅、
增加對醫護機構和地方政府的緊急資助計劃，力求穩定經濟，用於抗疫的
額外開支達 9,000 億美元，相等於常年聯邦開支的六成半。拜登上台後，
一方面大幅增加聯邦開支，並配合其競選政綱，推出名為《美國救援計
劃》（*American Rescue Plan*）的振興大計，以期刺激經濟、擴大基建和其他
大型投資、創造就業、支援弱勢、促進種族平等、應對氣候挑戰等，當中
新冠救濟方案涉款 19,000 億美元，包括派發失業保險金；另一方面大力推
動疫苗接種，包括在聯邦政府機關和一些行業實施強制接種。2022 年，拜
登再尋求國會批准 225 億美元額外抗疫撥款。

　　受極端民粹政治影響，美國存在相當活躍的反口罩、反疫苗、反限
制、反封城等的言論和行動，常以陰謀論看待疫情及抗疫措施，如拜登政
府欲擴大疫苗接種、引進一些強制措施，便遇到示威抗議，甚至個別州
政府抵制及司法挑戰。當加拿大於 2022 年 2 月發生「自由車隊」（Freedom
Convoy）抗議運動，[5] 也有美國貨車司機及其他抗議者以「車隊救美國」
（Convoy to Save America）名義，前赴美國與加拿大安大略省溫莎市連接的
大使橋（Ambassador Bridge）集結，聲援抗議。

---

[5]　加拿大政府於 2022 年 1 月 15 日對通過陸路重新進入該國的貨車司機下達新冠疫苗強制令，加拿大貨
　　車司機就此進行持續抗議活動，名為「自由車隊」（Freedom Convoy）。貨車車隊循多條穿越加拿大
　　所有省份的路線，於 2022 年 1 月 29 日在首都渥太華匯合，並在國會山莊集會。渥太華、多倫多、維
　　多利亞、蒙特利爾等市，以及溫莎市與美國連接的大使橋等地，都出現大型示威。2 月 6 日，渥太華
　　市宣佈進入緊急狀態；2 月 11 日，安大略省宣佈進入緊急狀態。2 月 14 日，加拿大總理杜魯多（Justin
　　Trudeau）援引《緊急情況法令》（Emergencies Act）應付示威活動，為該國歷史上首次動用該法令，
　　多省政府對此表示反對，但國民大多認同。2 月 17 日至 20 日期間，渥太華警察清場，終止抗議行動。

　　觀乎目前的政策論述，美國已進入大流行疫情的新時期（新常態），在與病毒共存的前提下，既放寬之前的限制，如口罩強制令及社交距離規定，也增加聯邦資源的投放，使復興經濟。疫苗起了減少重症入院和死亡的一定作用，8 月底（以 7 天滾動平均計）日增感染約 9 萬宗，日增住院病例約 3.3 萬宗，深切治療 4,000 多宗，日增死亡 500 多宗。但有專家指出實際數字可能較多，因主要靠民眾家中自檢，卻存在不檢及不報呈陽情況。2022 年 7 月下旬，拜登總統雖已接種疫苗加兩次強化劑，但仍兩度檢測呈陽，可見病毒傳播之廣。美國疾控中心 8 月 11 日更新新冠防疫指引，指出由於美國約 95% 人口已接種疫苗、曾經染疫或兩者兼具，因此不再建議尚未接種疫苗者在接觸新冠感染者後居家隔離。對於密切接觸者的追蹤將僅限於醫院、養老院等高風險群體，並不再強調定期檢測。

第八章
歐陸混合模式及其他

　　上三章簡述了一些較為人熟悉的國家和地區在抗疫上的兩極表現，初期以中國和東亞國家和地區，以及新加坡、澳洲、新西蘭（還有越南）等，緊守堵截策略和使用強制性防控手段，而美國和英國則處於比較放任及寄望於群體免疫的策略，致疫情失控擴散，兩極之間形成巨大落差。後期隨着新冠病毒的變種，特別是 Delta 和 Omicron 於 2021 年先後冒起，2022 年 Omicron 又再衍生各種 BA 系亞毒株，加上疫苗出台及接種率逐漸提高，以及經濟壓力日大，人們要求社會生活復常心切，各國的對策開始有變。原為強硬的國家和地區很多已調整策略，接受與病毒共存，重開邊境，恢復免檢疫隔離通關；過去疏於防控的國家更不用説，因為它們除了「共存」並沒有其他選擇。

　　也要指出，不是所有及早實施封城或接種疫苗的國家便把疫情遏止。以色列乃當中顯例，其人均感染率未見明顯低於他國；至 2021 年末已經歷三次封城、四波疫情，但情況未有靜止下來，有歸究於其管理缺失及內部宗教群體分化和政爭（兩次大選、三任政府）、檢測追蹤機制欠完善，而且社交距離和限聚措施也受到社會上部分人尤其是猶太「正統派」的漠視與抵制。儘管以色列自命回應新冠上多個世界第一（曾聲稱首個打敗新冠病毒，首個全民接種疫苗，首個接種加強劑），但其事例也警惕世人避免犯怎樣的錯，如封城後迫不及待地重開、學校停課與復開造成的混亂等。[1]

　　本章簡論個別北歐、西歐、南歐國家，以及被稱為「金磚五國」

1　Ariel Kovler, "Fighting Covid: The Israeli Doctrine", *The Tel Aviv Review of Books*, Winter 2021, https://www.tarb.co.il/fighting-covid-the-israeli-doctrine/. 英文原文："Israel is routinely cited as both the best case of what to do (e.g., with vaccinations), and as a cautionary tale of what not to do (overly-rapid reopening after lockdowns and the chaos in schools, for example)"。

（BRICS）新興經濟體除中國外的俄羅斯、印度、巴西和南非等四國，以綜觀它們跟東亞、澳新及英美頗不一樣的抗疫故事，窺探危機處理的能力和效果差異。

歐陸的混合模式

面對為防控疫而實施社會限制跟維持生活如常之間矛盾的國家，在歐洲彼彼皆是。在兩年多疫情中，歐陸國家的抗疫策略和表現，總體而言處於第七章所述兩極之間的光譜，防控措施鬆緊不一，既源於本國的管治體制和文化傳統特色，也受其專家判斷和政情民情所左右。新冠作為危機，在不同國家的爆發有時較急，有時潛伏期較長，也影響政府和社會上的風險認知。新冠病毒大抵上於 2020 年 2 月「登陸」歐洲，先出現於意大利北部，當時歐洲疾病防控中心（European Centre for Disease Prevention and Control, ECDC）開始向各國發出快速匯報，把風險評為低至中度，認為可以依靠嚴格的措施把疫情圍堵遏止（包括測定染病群組），並重視限制跨境往來以減低進一步傳播。

控疫起步時期的對應政策和表現，最能反映基本策略思維及政府（與醫護系統）的取向。表 8.1 來自幾位法國學者於 2020 年 6 月在 *Journal of Clinical Medicine*（《臨床醫學期刊》）發表的一篇文章中對歐洲多國（包括英國）政府早期抗疫表現的比較評價。

先談歐陸丹麥、瑞典、意大利、荷蘭、法國和德國等六國的疫情變化，可見諸於其日增確診病例及致死數字（以 7 天滾動平均計），見圖 8.1 和圖 8.2。

表 8.1　歐洲各國抗疫比較（2020 年初期）

國家	每千人口的測試率	封城措施	整體政府回應嚴厲程度指數	嚴厲指數最高時
意大利	64.7	不准離家外出，除少數例外活動（每週只准一次、或每戶同一時間只准一人）	93.52	2020 年 4 月 12 日
法國	13	不准離家外出，除少數例外活動（每天健身運動、日常購買雜貨食品、及「必需性」外出如看病）	90.74	2020 年 3 月 17 日
西班牙	54.2	不准離家外出，除少數例外活動（每天健身運動、日常購買雜貨食品、及「必需性」外出）	85.19	2020 年 3 月 30 日
比利時	60.2	不准離家外出，除少數例外活動（每天健身運動、日常購買雜貨食品、及「必需性」外出）	81.48	2020 年 3 月 20 日
荷蘭	20.4	不准離家外出，除少數例外活動（每天健身運動、日常購買雜貨食品、及「必需性」外出）	79.63	2020 年 3 月 31 日
挪威	45.3	無特別措施	75.93	2020 年 3 月 24 日
英國	31.6	不准離家外出，除少數例外活動（每天健身運動、日常購買雜貨食品、及「必需性」外出）	75.93	2020 年 3 月 26 日
德國	47.2	不准離家外出，除少數例外活動（每天健身運動、日常購買雜貨食品、及「必需性」外出如看病）	73.15	2020 年 3 月 22 日
丹麥	91.3	建議民眾不離家外出	72.22	2020 年 3 月 18 日
芬蘭	33.4	建議民眾不離家外出	68.52	2020 年 3 月 28 日
冰島	179.0	無特別措施	53.7	2020 年 3 月 20 日
瑞典	23.7	無特別措施	46.3	2020 年 4 月 24 日

資料來源：Audrey Giraud-Gatineau, Philippe Gautret, Philippe Colson, Hervé Chaudet, and Didier Raoult, "Evaluation of Strategies to Fight COVID-19: The French Paradigm", *Journal of Clinical Medicine*, Vol. 10, No. 13, July 2021, p. 2942, Table 1. doi: 10.3390/jcm10132942

圖 8.1　丹麥、瑞典、意大利、荷蘭、法國和德國日增確診病例走勢（以 7 天滾動平均計）（按 Our World in Data）

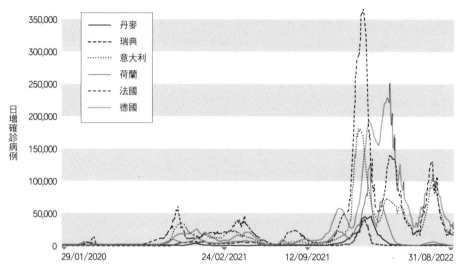

資料來源：Our World in Data, https://ourworldindata.org/covid-cases.

圖 8.2　丹麥、瑞典、意大利、荷蘭、法國和德國日增致死數走勢（以 7 天滾動平均計）（按 Our World in Data）

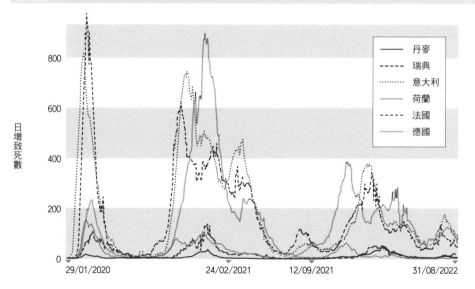

資料來源：Our World in Data, https://ourworldindata.org/covid-cases.

北歐：丹麥、瑞典

　　一般所稱的北歐國家（Nordic countries），是指丹麥、挪威、瑞典、芬蘭和冰島五國。它們的文化和公共行政傳統相近，比諸歐陸其他國家，較傾向福利國理念，較早接受新公共管理主義而予行政機構高度自主性（瑞典尤甚），政治與行政合作，決策強調實證為本、專家參與、透明和社會協作，而且國民信任度較高。這些特色皆反映於新冠疫情之處理上。但五國之間也看到差異，概括而言，丹麥和挪威初始便採取堵截策略，肯推行強制措施，甚至短暫的類封城手段；瑞典是一個異數，一直採用軟性緩解策略，近乎放任，抗拒管制手段，終導致 2020 年底疫情失控、致死率大增才作調整；至 2021 年末，單是首都斯德哥爾摩的死亡人數已佔北歐諸國約三分一。

　　北歐過去缺乏像新冠病毒這樣的大流行病疫經驗，心態上和醫療物資上準備不足，初期頗為張望猶豫。至 2020 年秋季，除瑞典外，皆較有系統地推行檢測追蹤、檢疫隔離等措施。所有北歐國家至 2021 年下半年經歷四個階段疫情，收緊與放寬交替。2021 年底，隨着疫苗接種率上升及感染傳播擴大，專家們認為逐漸達到一定的群體免疫效果，遂走向寬鬆、重新開放，謀求與病毒共存。挪威、瑞典和丹麥率先終止管制措施，但年底 Omicron 爆發，引致感染和入院人數大增，幸好重症者不多。2022 年 1 月底，丹麥和挪威成為歐陸首批取消絕大部分限制措施的國家。本章舉丹麥、瑞典為例，說明北歐國家當中兩個不同的取向。

　　丹麥以防範原則抗疫，但至 2020 年 2 月仍把疫情評為低風險，着國民不用擔心，至 3 月初看到歐洲整體情況才覺事態嚴重，當時專家純依數據仍持保守態度，地方政府也存其他顧慮，但 3 月 11 日首相弗雷德里克森（Mette Frederiksen）宣佈一系列社交距離、停課限聚的措施，全國局部封閉 14 天，並關閉邊境；4 月初才逐步開放。之後兩年，丹麥經歷疫情起伏反覆及政情民情的交錯反應；不過並不是被動地由專家主導防控政策，反之由社會民主黨領導的少數派聯合政府肯作較積極的內閣決策，這在挪威也

是一樣。[2]

2020 年底疫情趨向嚴重，12 月中首都哥本哈根再度大幅度封城 10 天。2021 年 4 月，疫情放緩，開始作出逐步重開回復正常的部署，但一切還視乎疫苗接種進展和住院人數。大抵上，國民信任政府的決策（初期達九成，至 2020 年底回落至六成），不過隨着疫情持久不散，民眾也顯得抗疫疲勞，對政府和各黨派構成政治壓力，所以接受與病毒共存乃大勢所趨。2022 年 2 月 1 日，丹麥將新冠病毒從「威脅性疾病的分類」中移除，取消所有防疫限制，告別口罩和健康通行證，放寬入境規定，歡迎國際旅遊。

瑞典也疏於抗疫部署，個人防護裝備和其他醫療物資庫存不足，其既有的抗疫應急計劃只基於一般流感。在應對新冠病毒病疫的過程中，政府採取軟性緩解手段，比較被動，希望人民自覺自發，認為這樣較切合瑞典的文化和社會行為，盡量不去強制：不停課，保持辦公及其他處所開放、營運如常；此外不封城、不封關、無檢疫、少檢測，直到後期才建議民眾佩戴口罩。可以說，瑞典奉行的是放任自在以求群體免疫之道，避免造成醫療系統容量超負。跟丹麥一樣，雖然瑞典差不多所有醫院皆為中央公有，但它們屬於地方政府事權；當時由社會民主黨和綠黨合組的少數派聯合政府，本身勢弱，而且瑞典的公共管治體制特別，各中央局署向政府內閣作集體交代，而非其所屬之部長，不若其他北歐鄰國實行部長負責制，故行政較為獨立於政治。

抗疫決策基本上由公共衛生管理局（Public Health Authority）主導，依賴專家分析與研判，主要的政治官員表現低調，連時任首相勒文（Stefan Löfven）也要到 2020 年 8 月才較多露面於匯報疫情的新聞發佈會及加大決策參與。直至 2020 年底，軟緩解策略才因急劇惡化的疫情帶來危機升級、為勢所迫而作出調整，引入社交距離及營業和活動限制措施，要求民眾在

2　也曾有一段政治小插曲，事源在水貂養殖場發現可傳人的新冠變種毒株，弗雷德里克森首相於 2020 年 11 月初決定撲殺國內所有人工養殖的 1,700 萬隻水貂，引起很大爭議，其後一調查委員會於 2022 年 6 月發表的報告中，嚴厲批評政府此舉，指撲殺令缺乏法律依據。

公共場所佩戴口罩。從防控角度而言，瑞典的策略是失敗的，導致感染確診和致死個案大大多於其他北歐國家，例如至 2020 年底，瑞典的致死率高於挪威和芬蘭達 10 倍，是丹麥的近 5 倍。瑞典政府於年中成立獨立調查委員會，在 2020 年 12 月公佈初步報告，嚴厲批評政府抗疫失當、存在諸多結構性缺陷包括拖延檢測，用上 "*Haveri*" 一字（即徹底失敗之意），並指出有九成因新冠致死者乃 70 歲及以上，認為所謂保護老弱的策略已告失敗，連瑞典國王也罕有地公開承認國家誤了大事。[3]

2021 年 6 月，瑞典推出分五步撤銷限制的國家復常方案，核心策略是提高疫苗接種率，除長者外也包括青少年，令縱使感染人數後來因 Delta 而有所上升，但仍能維持較低的入院率和死亡率。9 月，瑞典叫停所有限制，重開社會，惟因 Omicron 爆發，11 至 12 月曾再引入一些限制，至 2022 年 1 月底已基本取消。2022 年 2 月 9 日，衛生部長哈倫格倫（Lena Hallengren）表示「我們所認知的疫情已經結束」，自 3 月後期起感染走勢也靠低扁平。

南歐：意大利

位於南歐的意大利，是歐洲首個受新冠所襲之國，病疫初發於中國時，它跟其他歐美國家一樣，存在兩大盲點，一是認為此乃亞洲之疫，距離風險遙遠，不會影響自己，殊不知病毒藉人流物流早因全球化而輕易跨洲過境；二是近年缺乏大流行傳染的經驗，意識上疏於防範。2020 年 2 月下旬北部倫巴第（Lombardy，首府米蘭）和東北部威尼托（Veneto，首府威尼斯）兩大區出現確診病例之前，仍以為一切受控，低估威脅。不過，一旦疫發，危機警覺隨即提高，3 月 11 日已實施區域性封城，3 月下旬再予收緊。

3　2022 年 2 月發表的調查委員會最後報告，直指政府欠缺領導力，後期雖調整策略，但已造成莫大的生命損失，以及醫療系統高度受壓，致延誤其他病患者的治療。其結論是：瑞典要「長久背負抗疫失誤之後果」。

　　除風險預期不足之外，意大利在多方面均欠缺準備去應對一場突如其來、無法見底的大流行病疫。其政治和行政體制的割裂和失效，似是常態。國會長期存在眾多黨派，互相爭吵，且近年左右兩邊極端民粹抬頭、中間勢力衰落，致政局不穩，政府往往命懸於一些臨時性聯合，政策欠缺延續。而且地域主義嚴重，南北經濟利益和政治取向不同，中央政府和地方政府有時由對立的黨派集團執掌，更添合作上的障礙，削弱國家整體的施政能量和效率。憲制上衛生政策及機構屬於區域政府之責，而中央政府為避免政治紛爭，也樂於讓地方處理病疫問題。如此種種，造成決策分散和遲鈍，不利於面對如新冠病疫的重大緊急危機。

　　意大利一開始便把抗疫策略定位於紓緩而非遏止消除，這一方面符合歐洲多國的自然傾向，只求拖慢病毒擴散，盡量防止醫療系統超負爆煲，更欲避免過嚴管制社會，並維持經濟活動；另一方面也是政治使然，因2020年初疫情擴大時，執政的乃頗為弱勢而充滿內部矛盾的聯合政府（由民主黨與反建制且民粹的五星運動組成），總理孔特（Giuseppe Conte）但求無過，缺乏領導能力。不過其政府在2020年也推出多項紓民困、撐企業的援助措施，逐步擴大失業救濟和凍結裁員，以助抵消封城及限制營業所造成的影響，惟新冠的經濟打擊程度南北不一樣，南方長期較貧窮，受到疫情的傷害也最大，擴大了地域分配不均的差距。

　　兩年多疫情期間，抗疫政策和舉措不斷反覆，初期不承認風險，後來緊急實施限制，疫情稍緩便放寬回常，接着情況惡化或病毒新變種冒起又收緊、再放寬又再收緊，直至2021年底。如此的抗疫循環也見諸其他歐陸國家，乃紓緩策略的必然反應。早期高感染、高死亡率，控疫措施引起社會恐慌和抗議；[4] 學校停課及重開問題也引起爭議（類似爭論同樣出現於其他歐洲國家）。而且，措施的落實滯後，反映執行能量偏弱。2020年增設延續護理點，以避免擠爆醫院；5月推出類似韓國的3T政策；但檢測及病毒排序工作均用了頗長時間才建立可靠的機制。

　　2021年2月，意大利產生新的聯合政府，新總理德拉吉（Mario Draghi）

4　2020年3月，因抗議政府的防疫措施，意大利多所監獄發生暴動事件。

（曾任歐洲中央銀行總裁）的作風跟前任不同，比較進取及具領導力，大力推動疫苗計劃，引入 Drive Through（駕車檢測）及動用軍隊和民安義務隊，支援地方，加速疫苗運送和接種工作；並肯與地方首長周旋及承擔政治風險，銳意尋求經濟復原。4 月底逆專家意見重開社會，同時推出所謂綠色通行證（green pass），使已完成疫苗接種或定期檢測者才可進入公眾地方及（10 月中起）在辦公室工作，從而落實了歐盟的數字化新冠認證政策。2022 年起，跟歐洲各國一致，逐步鬆綁限制，接受與病毒共存。惟1 月 Omicron 引致疫情新高峰，日增確診逾 21 萬例，冬季過後才回落，至6、7 月因 BA 系亞毒株疫情再升，最高日增逾 10 萬例，8 月再緩和下來，日增確診（以 7 天滾動平均計）為 2 萬例上下，死亡跌至雙位數字。

西歐：荷蘭、法國

西歐諸國受疫情影響造成感染和死亡眾多，除英國之外，西班牙、法國及荷蘭也受重創，德國相對上初期較輕，但至 2021 年亦見數字持續上升。先選談荷蘭，它已非大國（全盛時期曾一度雄霸海洋，殖民地遍及非洲和亞洲的印尼諸島），重商而政治上多黨派，近年極右民粹主義漸盛，仍保留王室，其抗疫歷程在西歐頗為典型。按荷蘭體制，若全國爆發傳染病，一般由國家公共衛生與環境所（RIVM）及其轄下疾控中心統籌控疫。

新冠疫情下，政府內閣成立危機管理委員會，統籌跨部門應對舉措，並與全國劃分的 25 個「安全區域」的地方首長如市長聯繫；又成立生物醫學專家組，向衛生福利及體育部提供政策意見。但執行各項政策措施之責，主要落在地方上的公衛機構。新冠病毒首現中國後，荷蘭的專家組早於 2020 年 1 月 24 日議商，跟隨其他歐洲國家靜觀其變；2 月 27 日南部出現首宗確診病例，個案日增，惟測試及追蹤能力有限，要至 3 月下旬才成立全國新冠行動組。初期，基本上由生物醫學專家的評估主導，抗疫政策傾向「紓緩」，設法以非藥物手段如社交距離限制等遏阻疫情蔓延，防止醫院超負（尤其深切治療設施）。3 月底，一度提出「群體免疫」，但又怕弄垮醫療系統，政策回到醫療考量跟政經社考量之間尋求符合形勢演變的

平衡。公眾也熱烈爭議應否強制佩戴口罩，以及學校須否暫時關閉（醫學專家認為可繼續開放，但政府綜合各方考慮後決定停課）。

當時荷蘭總理呂特（Mark Rutte）形容該國採取「聰明之封鎖」措施（intelligent lockdown），依賴人民的集體責任和遵從，較其他一些歐洲國家如意大利為溫和，因為政府相信民眾合作。的確，疫情第一波（2020 年 3 月至 5 月）時公眾高度遵守規定。5 月至 8 月，各項限制逐步放寬，仍建議民眾小心，避免群集及自行隔離。但因檢測及追蹤能力不足，加上較快放寬限制，疫情缺乏監控，8 月起感染再升，而政府把控疫政策下放至地方，也造成地域、城市之間的防控要求差距日大，「聰明封鎖」易各自演繹。大城市如阿姆斯特丹及鹿特丹規定 13 歲以上必須佩戴口罩，但其他地區卻無強制。2020 年 9 月出現第二波疫情，民情反應日大，這回雖然專家主張學校停課，改為網授，政府卻維持開放，而封城措施也由 11 月延至 2021 年 1 月才實行。反對封區封城措施的聲音漸多，亦有質疑手機追蹤程式（CoronaCheck app）侵犯私隱，漸成反政府運動，社會意見日益分化。

當原先假設人們自願克制、自發距離避聚失效後（皆因抗疫疲勞），荷蘭政府惟有加強先前排拒之限制措施；為安撫民情，遂制定路線圖，使人易於明白措施收緊與放寬之道，但屢次修訂。2020 年 12 月下旬，醫院停止所有非重症的一般性治療，以釋出更多深切治療病床予新冠患者。政府轉向依靠疫苗走出困境，其實整個歐洲也是一旦疫苗開發成功付諸生產，便着力大規模接種，而荷蘭由 2021 年 1 月起啟動，先針對有優先需要者如醫護人員及高風險人口包括長者；但因出現反對疫苗及疫苗猶豫的情況，使進度緩慢。4 月底，政府認為具備條件逐步鬆綁，先取消宵禁措施，後減少聚會限制，6 月下旬社會活動大致回復正常，人們可再去酒吧食店，後因 Delta 傳至歐洲，引致感染上升，再行收緊。

2021 年 9 月 25 日，儘管感染確診仍高，但政府宣佈取消差不多所有限制措施，理由是疫苗接種率已經足夠高。從此邁進與病毒共存階段，但民眾進入餐館酒店、劇院影院、音樂會或其他公眾活動場所，仍須持有按測試呈陰性而發出的新冠通行證。之後 Omicron 襲歐，疫情反彈，政府再被迫於 11 月底引入夜間限制措施，至 12 月 18 日全面封城；學校停課，並關

閉所有非必要商店、文化與娛樂場所。多個城市出現反封城反疫苗抗議，亦多次爆發警民衝突。2022 年 1 至 2 月疫情達到高峰，日增確診逾 10 萬例，3 月起緩和下來，至 8 月底只約 1,000（以 7 天滾動平均計）。

　　法國醫護主要靠中央公立醫院系統，但長期積弱，投放不足，基層護理滯後，醫生與人口比例（每千人口 3.27）低於 OECD 成員國之平均數（每千人口 3.6，而德國為 4.5），而且人口老化，長期病患率較高，再者醫療防護物資存量低，故體制上不利於應付大流行病疫的到臨。2020 年疫發之初，總統馬克龍（Emanuel Macron）迅即決定關閉邊境，只開放予特別需要者，收緊檢疫，至 6 月中才重開予神根公約（Schengen Treaty）國家及來自低風險地區者。並於 3 月中效法意大利，實施首次全國性封城限制措施，初定為期 15 天，後延至 5、6 月；基本上學校停課，出行受限，非必需服務停運。同時宣示測試追蹤隔離的策略，但因物資和設備不足，篩檢追蹤緩慢，而且法國人民重視個人自由，隔離往往難以貫徹。

　　2020 年 7 月中夏季大致復常，人們紛紛以為已渡過危機，但疫情再爆，10 月巴黎和其他一些地區已實行晚上至凌晨「宵禁」式限制，民眾外出須持官方簽發的「行街紙」。10 月底，馬克龍啟動第二輪全國性封城，規定佩戴口罩，雖然容許學校和工廠開放，但要求盡量居家工作，非必需性業務停止辦公。由於當年冬季整個歐洲的形勢十分嚴峻，2021 年 1 月中延長宵禁，由下午 6 時至明早 6 時。早於 2020 年 3 月，政府已推出緊急援助措施，9 月起實施為期兩年、涉款 1,000 億歐元的「振興法國」大計。首年因封城及宵禁限制，法國經濟陷入二戰後最嚴重的衰退，GDP 下跌近8%，保生計的壓力日大。雖然法國自 2020 年 12 月底起已啟動疫苗接種，但是因供應問題導致早階段進度欠佳，諷刺之處是儘管法國具備疫苗研發能力，卻因長期經費不足，致新冠下需靠外購疫苗。

　　2021 年 7 月，引入歐盟的數字化新冠認證，以及法國自己推出的「健康通行證」（*pass sanitaire*）（兩者互通操作），規定使用於進入指定公共地方及長途公共交通，疫苗接種率大為提高，至 9 月中已有八成半法國成年人獲完全接種，有助提升社會面抗疫之效，恢復出外活動，不用動輒全國封城。2021 年後期法國已朝「重開」及與病毒共存之路前進，2022 年中

取消差不多所有限制包括強制佩戴口罩，只是「建議」在公共交通仍戴口罩。儘管 2022 年 1 至 2 月因出現 Omicron 亞毒株且在擴散，曾致疫情高峰，日增感染一度逾 50 萬宗，後回落及有小反覆，8 月底日增確診約 1.6 萬例（以 7 天滾動平均計），入院者仍然不少（日增約 1.5 萬，深切治療約 850），但是政府無意重推先前的活動限制，既怕影響正在回復興旺的旅遊業，也怕引來另一波反政府抗議。8 月 1 日起取消邊境衛生檢疫機制。

西中歐：德國

德國被視作西歐一員，但位處西中歐，接壤波蘭和捷克。它的故事近似法國，且曾在新冠首年被視為歐陸積極抗疫典範。2020 年 1 月 27 日，德國發現首例確診，3 月 8 日出現首宗死亡，兩天後全國 16 個邦全部錄得感染個案。3 月 18 日時任聯邦總理默克爾（Angela Merkel）向全國講話，形容面對二戰後最嚴重的挑戰，全民須團結應付。3 月 22 日實施局部封城、居家工作、學校停課、食肆影院等公共場所停運，國際旅遊受限。4 月，國會通過共 1,560 億歐元的緊急紓困方案，幅度之大前所未見。德國醫療系統運作不錯，不像其他歐洲國家般受壓，但此時也接近深切治療護理容量之極限。

由於政府信息明確，處事較高效，人民大抵上可接受為防控疫而作出行動限制，不過邦政府均欲聯邦政府早日鬆綁，使恢復經濟和社會生活。有少數人不滿約束個人自由，8 月底首都柏林有四萬人示威並包圍國會，甚至企圖闖入佔領，遭各主流政黨不分左右嚴加譴責，最後警察以武力清場。2020 年 9 月開始出現第二波疫情，柏林在 10 月實施宵禁，至 11 月初推出「輕度封城」（Lockdown Light）的措施，限制群聚及餐飲酒店旅遊等營業，但學校仍然開放。在整個歐洲的新冠嚴寒下進入 2021 年，德國僅次於英國展開 BNT 疫苗接種，但早期受到物流和生產上的一些阻滯。1 月初湧現第三波，於是再實施封城措施，延長限制，默克爾表示新冠病毒乃世紀大疫。到夏天，疫情轉好，疫苗接種進展明顯，專家期待達致人口 85% 以上以抵抗剛冒起的 Delta 變種毒株。政界及商界對重新收緊限制多持保

留態度，且因 9 月聯邦國會大選致拖延決策。

由朔爾次（Olaf Scholz）領導新的聯合政府規定指定類別如醫護工作者須強制接種疫苗。踏入 2022 年，感染確診及入院率高於之前兩年，政府仍敦促高危者接種第四劑疫苗；德國人已視疫苗為平常去迎接夏天（亦即與冠毒共存的心態），經濟和民情考量而非醫學意見主導抗疫政策。大型活動紛紛重啟，民眾開始到各地旅遊。不過，隨着 BA.5 變異株迅速擴散，2022 年初疫情曾上高峰，3 月下旬日增感染一度近 30 萬宗，後回落，6、7月稍有反彈，7 月中旬日增曾逾 16 萬宗，至 8 月底降至約 3 萬宗。聯邦政府官員警告秋天疫情將相當嚴峻，呼籲地方政府和民眾及早準備。

其他一些國家：俄羅斯、印度、南非、巴西

接着略談「金磚五國」除中國外的四個國家。它們的疫情變化，可見諸日增確診病例及致死數字（以 7 天滾動平均計），見圖 8.3 和圖 8.4。

圖 8.3　俄羅斯、印度、南非和巴西日增確診病例走勢（以 7 天滾動平均計）（按 Our World in Data）

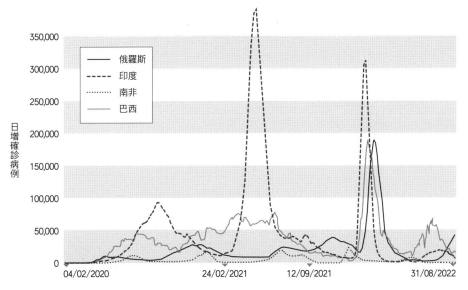

資料來源：Our World in Data, https://ourworldindata.org/covid-cases.

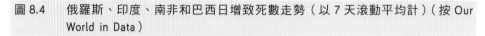

圖 8.4　俄羅斯、印度、南非和巴西日增致死數走勢（以 7 天滾動平均計）（按 Our World in Data）

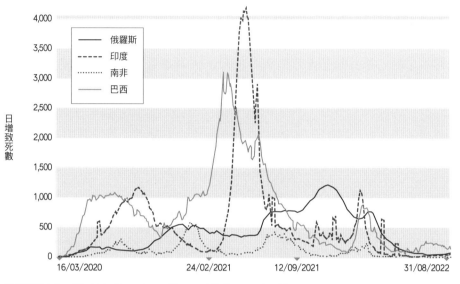

資料來源：Our World in Data, https://ourworldindata.org/covid-cases.

　　先說俄羅斯。俄羅斯是聯邦政體，地理幅員廣濶，橫跨歐亞兩洲。前蘇聯瓦解後，雖然改行新共和體制，但公共治理仍存在遺習，在總統普京（Vladimir Putin）治下中央集權較為明顯，但地方仍有施政負責範圍，所以 2020 年初新冠疫發，早期防控之責落在 85 個地方政府（包括自治共和國、州、區及三個聯邦直轄市即莫斯科、聖彼得堡和塞瓦斯托波爾〔Sevastopol〕）。有論者形容俄羅斯抗疫缺乏焦點，物資不足，以及準備部署和公眾風險意識薄弱。

　　俄羅斯實行了兩次類封城，前者在 2020 年 2 至 3 月（為期 6 週），後者在 2021 年 10 月底至 11 月初（1 週，名為有薪長假），但國家生活大致如常，2020 年夏天曾以為已經脫險。其自治共和國和州區盡量不實施嚴厲的管制措施，疫情吃緊時（特別是在莫斯科和聖彼得堡等人口密集的大都會），要求居家工作、停課停業、佩戴口罩，只開放必需服務，並限制邊境出入，要求國民避免出國旅遊。首年，俄羅斯疫情跟歐洲其他國家比較，未算很嚴重，4 月時公共衛生官員在普京總統面前誇說俄羅斯致死率

為全球最低。2020 年 8 月已迅速推出國產疫苗 Sputnik V，但是接種緩慢，有人對其有效性存疑；至 2021 年 10 月，Delta 爆發時，完全接種率只及成年人口三分之一，新冠致死率為歐洲最高，在亞洲則僅次於印度。

此時普京驚覺事態嚴重，10 月下令全國加快篩檢，食肆縮短營業，娛樂場所停運，並收緊感染者隔離。莫斯科和聖彼得堡等實施局部封城，所有 85 個市州區更強制一些行業與服務之職工接種疫苗。同月，聯邦政府要求市州區引入「健康碼」作為參加大型活動所必需，後擴大須用範圍至飲食場所、城際火車和航機。另一方面，自 11 月中起陸續恢復與選定國家復航。俄羅斯曾欲立法規定乘坐公共交通工具須查健康碼，後因社會上反彈而放棄此舉。

2022 年 1 月，Omicron 爆發，但聯邦政府強調不實施全國性封城，由市州區按各地疫情作出一些限制應對，如莫斯科規定企業至少三成員工居家工作，一些地區停止正常醫療護理，以釋出容量應付大增的新冠入院者。至 2 月，勞工部建議企業盡量安排居家工作。可以説，疫苗接種偏低是最大困擾，既影響老弱的抗疫力，因存在疫苗猶豫，也讓兒童置於風險，因缺乏適當疫苗（後來才推出 Sputnik M），當時衛生部長表示兩成確診患者是兒童。年初疫情嚴峻時日增感染曾一度達 20 萬例。至 7 月 1 日，當局解除全部防疫措施，指近四個月所有年齡組別的發病率都在穩步下降、93% 確診病例都屬輕症或無症狀感染者；但 8 月底日增確診升至 4.4 萬例（以 7 天滾動平均計）。

印度與中國皆為人口密集的亞洲大國，但政治體制截然不同。2021 年 4 至 5 月，印度疫情急速惡化，世界震驚。4 月下旬，連續多天每日錄得新增 30 多萬宗確診病例和 3,000 宗死亡個案，使當時印度成為全球感染數字第二高之國家（超過 2,000 萬），死亡數字佔全球四分之一強；5 月 1 日，印度成為世界唯一單日新增感染超過 40 萬例。但是，僅數月前，總理莫迪（Narendra Modi）還在 1 月的世界經濟論壇上宣稱印度有效控制新冠病毒，從大災難中救了人類。而且，印度本身生產不少醫藥，包括新冠疫苗（如 AZ），其血清研究所（Serum Institute）能每天生產 6,500 萬劑疫苗，AZ 佔全球產量六成，並以 Covshield 品牌供應本國。最壞的時刻，首都新德里

不少感染者因醫院缺乏氧氣供應、呼吸機和其他醫療物資不足而無法救治、坐着等死的新聞畫面傳遍全球，是何等嚇人的形象！

為何出現這麼嚴重的抗疫落差？印度地大人多，大城市人口皆極高密度，且因行類聯邦制（Union），全國分為 28 個邦和 8 個聯邦直轄區，按憲法公共衛生屬邦級責任，但財政上邦政府大多長期緊絀，依賴中央補助，因而醫護系統人手和設備嚴重不足，如病床數目每千人口低於 0.5（新加坡為 2.49，香港為 5.2），故能量上面對大流行疫情，挑戰極大，一旦防控不善，病疫易於快速擴散。因此危機意識和政府部署，以及中央與邦之間的協作配合，最為關鍵，若互有推諉，尤其一些邦由全國性處於反對派的政黨主政，後果必甚。

2020 年 1 月底，在南部喀拉拉邦（Kerala）的回國學生中出現確診病例，但政府早期未予重視，未有進行檢測追蹤隔離等措施；至 3 月感染蔓延各邦，才開始擴大檢測。莫迪政府於 3 月底至 5 月實施首輪全國性封城措施，規定入境者強測檢疫，堵住疫情，並限制出口醫療設備和藥物。4 至 6 月全國經濟收縮 23.9%，是獨立建國以來最差。下半年，防控限制鬆綁，但因 9 至 10 月宗教節日聚會及 2021 年初人們放寬警惕（如對社交距離和佩戴口罩的重視下降），而且一些印度人聽信傳言，竟以為吃咖喱粉、蒜頭和牛尿可抗病毒，致本地感染大增。2021 年 2 月印度進入嚴重的第二波疫情，出現上述 4 月時的崩潰境況。3 月 24 日，莫迪政府緊急實施 21 天全國性封城（後多次延長直至 10 月底），並下令 14 小時宵禁（早上 7 時至晚上 9 時），由於通知時間不足 4 小時，致造成以百萬計的人們蜂湧搶購及趕回家，各地產生大混亂。

為圍堵病毒，全國分為 741 個區，分別以綠、黃、橘三色區別疫情輕重。但以印度的情況，疫情一旦失控，便只得「共存」及依賴群體免疫效應的出現。疫情趨壞也暴露一些政治問題，如總理莫迪及其人民黨人不理會防控限制，在 2021 年 4 月在五個邦的大選中進行大型競選活動，造成「超級傳播」；氧氣供應嚴重告急期間，竟出現有政界人士囤積炒賣，地方政府漠視黑市醫療物資，甚至虛報數字的情況，反映公共治理上的積弱。2022 年 1 月，Omicron 肆虐，印度出現另一疫情高峰，日增感染曾一度達

34 萬例，2 月下旬顯著回落，目前相對低位徘徊，8 月底日增確診約 8,000 例（以 7 天滾動平均計）。印度官方自報的累計確診人數已經超過 4,440 萬，疫苗接種率達 67%，客觀上產生一些混合免疫效應，無症狀及輕症感染者居家隔離，自行休養痊癒，而國際入境航班旅客僅 2% 抽檢。現致力重振經濟，接受與病毒共存。

南非是非洲經濟新興大國，抗疫歷程屢見挑戰。2020 年 3 月 5 日出現首宗確診病例，乃一由意大利回國者。鑑於過去應對其他傳染病的經驗（如愛滋病毒，又稱艾滋病），政府不敢怠慢，總統拉馬福薩（Cyril Ramaphosa）旋即根據災害管理法宣佈進入災害狀態，依南非的五級風險應對，按最高級別於 3 月 27 日實施全國性「封城」措施。不過封城帶來嚴重經濟影響，至年底，全年 GDP 下跌 8.2%，人民生活及商業受制。有評論認為以南非的現實條件，根本不可能靠長期的強硬圍堵遏止措施去抗疫，因過硬手段會打擊企業和就業，經濟衰退必致社會政治更為不穩，代價太大，因此最終於 2021 年底撤銷為時 21 個月的宵禁，社會逐步鬆綁重開，接受與病毒共存。

南非擁有非洲一些最先進的病毒測試和排序設施，能及早監控疫情變化，乃最早發現 Beta 亞毒株，也是較早便對新變種 Omicron 發出警示的國家之一。但其抗疫力度和成效一直受到牽制：一是怕限制過嚴過緊，不利於經濟民生，而國家近年政治紛爭已日益嚴重；二是疫苗接種不如預期，南非相對較早已向外訂購疫苗，推出接種計劃，惟因種種問題（包括社會不穩）致分發延誤，弄至一些疫苗過期失效而要作廢，備受批評。

踏入 2022 年，基本上採納了較務實策略，以平衡醫療與經濟考量。在新的取向下，假設經過兩年多三波疫情，近四分三人口已因感染獲得群體免疫，[5] 而已接種疫苗的年長者相對感染機會較低，故大力推廣疫苗接種至九成或以上（尤其在高風險群體，包括注射加強劑）已成為核心工作，惟須致力克服在一些人中仍存在的疫苗猶豫，目前接種率只達三分一。隨

5　根據 Omicron 的特性，感染率高但重症入院率低和致死率更低，以南非情況，Omicron 下死亡率為 Delta 下的十分一。

着 2021 年 12 月第四波疫情高峰平穩渡過，南非政府於 2022 年 4 月初宣佈結束為期兩年多的國家災難狀態。不過，僅僅過了一個月，因 BA.4 和 BA.5 變異毒株蔓延，疫情再度反彈，但第五波較為溫和，為時較短，主要是輕症，8 月下旬日增確診少於 300 例。

巴西是南美洲最大國家，經濟發展一度驕人，但近年國政問題日多，且總統博索納羅（Jair Bolsonaro）是另一個特朗普式人物，獨行獨斷，輕視科學，不聽專家意見，一直持陰謀論看待新冠病毒，以為可靠群體免疫了事，並早叫國民一切如常，自己在公眾場合也不戴口罩。所以抗疫被動，加以巴西醫衛系統本已容量緊拙，病床率過去 10 年持續下跌（由每千人口 2.2 降至 1.91），故無論是醫療部署上或政治決策上，皆落後於急變的形勢。

2020 年 2 月 25 日，出現首例確診，乃一從意大利回國者，接着各地受感染傳播，新冠疫情勢如崩堤，醫院深切治療單位超負，氧氣及醫藥物資供應告急，不少病人不及治療而死。至 6 月中旬，官方表示感染個案超過 100 萬宗，4.9 萬人死亡；一年後，成為南美重災區。2021 年 10 月，巴西國會一個委員會曾主張對博索納羅的抗疫不作為以刑事起訴。[6]

由於政府最高領導層排斥科學，一些為勢所迫的防控措施力度有限，既缺乏大規模篩檢追蹤，更不強制佩戴口罩，而部分民眾因總統的取態也傾向輕率自滿。政府推出疫苗接種幾度蹉跎，先是否定其需要，後是採購落後，對疫苗品牌諸多猶豫，2022 年近月來接種率有所改善，已達八成，優於印度。2022 年 1 至 2 月疫情曾上高峰，日增感染一度達 28 萬宗，其後回落，至 6 月底及 7 月再有反彈，曾日增逾 10 萬宗，8 月底回落至約 1.4 萬例（以 7 天滾動平均計）。目前策略是靠疫苗，預防重症，減少住院及死亡病例。

6　巴西參議院的調查委員會經過六個月的調查後，2021 年 10 月 7 日通過報告，建議以違反人道罪、瀆職、欺騙及煽動犯罪等刑事罪名，起訴總統博索納羅，原因是他的防疫政策失當。這份報告也要求起訴其他 77 人，包括多名部長，以及博索納羅的三名子女。委員會沒有起訴權，而巴西檢察總長及眾議院議長皆博索納羅的盟友，不會啟動刑事訴訟或彈劾的程序。但這份報告再度為博索納羅帶來政治傷害，他的支持度創歷史新低。

第三部分

香港抗疫
三年跌宕

第九章
應變、圍堵（2020 年）

　　香港自 1841 年英國佔領以來，長年經歷自然災害（如每年的颱風、暴雨）及傳染病疫（如鼠疫、瘧疾、霍亂、結核等），可以說在風險管理和抗疫上有不少經驗，並建立了應對機制，包括嬰兒及學童疫苗接種、暴風雨信號系統及停課停工安排等。英治年代，市政局之前身潔淨局（Sanitary Board）就是因應鼠疫報告（Chadwick report, 1882）而於 1883 年成立。1894 年鼠疫嚴重，死亡者眾，當時港英政府宣佈香港為疫埠，實行一系列防控措施，包括住屋、街道、水道和下水道須經常清洗消毒，成為港人所稱「洗太平地」之始。

　　二戰後暴風雨災情嚴重者，莫如 1972 年 6 月 18 日因持續暴雨導致山泥傾瀉的災難事故（後稱「六一八」雨災），造成 156 人死亡，事後政府成立土力工程處專注斜坡安全和維修。至 1990 年代，港府已有頗為完備的防災計劃（Hong Kong Disaster Plan），詳列各部門的角色職責及統籌協調機制。1993 年元旦中環蘭桂坊發生人群踩踏事故（21 人死亡），以及 1996 年 11 月 20 日九龍佐敦嘉利大廈發生嚴重火災（41 人死亡），事後的獨立調查委員會建議進一步改善人為災難之應變。

　　不過，這些長年累積的經驗，仍未足以應付九七回歸後旋即發生的禽流感和 SARS 病疫。1997 年 12 月發生禽流感，但當時衛生部門反應過慢，低估風險，與市民溝通信息混亂，初指吃雞仍安全，但不久便下令撲殺全港 150 萬隻活雞，執行過程狼狽，盡顯危機處理上的缺陷。2003 年初 SARS（「沙士」）爆疫，更是一場醫療上和管治上的雙重災難，導致 299 人死亡（包括 8 名前線醫護人員），經濟損失估計達 400 億港元，並成為當年「七一」50 萬人大遊行其中一個民怨點。

2003 年「沙士」失誤教訓及應變計劃改革

「沙士」處理的失誤及教訓十分深刻，事後進行了三次調查檢討，分別為：特區政府委託的國際醫學專家報告[1]、醫院管理局（醫管局）的專家檢討[2]，以及立法會的調查委員會聆訊[3]。前兩者的檢討結果認為「沙士」疫情中風險認知不到位，包括過分依賴傳統的傳染病學評估方法而忽略一些「軟」情報（soft intelligence），導致早期以為只屬常年皆會發生的「非典型性肺炎」，故低估社區感染及新病毒威力帶來的風險。危機處理的主要失誤包括：政府及醫護機構溝通失效、指揮混亂、預案不明、醫療負荷容量不足、人員缺乏部署準備、醫療物資分配不均，以及跨部門統籌協作薄弱等。同時，在社區控疫、停學、隔離等措施方面也猶豫不定，造成抗疫執行上的各種混亂（包括早期應否佩戴口罩）。2004 年發表的立法會調查報告，批評政府及醫管局工作落後於形勢，導致社區爆發。最後，時任衛生福利局局長楊永強及醫管局主席梁智鴻請辭，承擔了責任。

通常危機過後需調整處事方式、政策思考、制度法規等，構成新的「標準操作流程」（standard operating procedures, SOP），去指導人們和組織的認知與行為。「沙士」疫後，特區政府吸取教訓，全面改善應變機制、修改法規、更新傳染病預備及應變計劃，涵蓋預防、預警、通報、監測檢疫、預案規劃、跨機構統籌等各方面；在衛生署轄下成立衛生防護中心，增添專家人手，以統籌疾控及檢測化驗等工作；又全面強化流行病學應對能量，增加疾病研究撥款；而且醫院定期進行演練，以測試新機制的效力，及時改進流程和堵塞漏洞。其後於 2009 年 5 月針對豬流感（H1N1 病毒）打了漂亮一仗，快速全方位地遏止社區傳播，包括對外來傳播者曾入

1　SARS Expert Committee, *SARS in Hong Kong: From Experience to Action*. Hong Kong: Government Logistics Department, October 2003.

2　Hospital Authority Review Panel, *Report of the Hospital Authority Review Panel on the SARS Outbreak*, Hong Kong: Hospital Authority, October 2003.

3　Legislative Council Select Committee, *Report of the Select Committee to inquire into the handling of the Severe Acute Respiratory Syndrome outbreak by the Government and the Hospital Authority*, Hong Kong: Legislative Council, July 2004.

住的酒店連同 200 名房客和 100 名工作人員實施封鎖一個星期、小學及幼兒園停課、口岸加強檢疫等，在在凸顯政府之果斷和統籌得當，贏得市民不少掌聲。

有了上述的改革和經驗，至 2020 年 1 月新冠病毒傳入時，特區政府的《對公共衛生有重要性的新型傳染病預備及應變計劃》已提供了頗為周詳的應變機制和行動指引。計劃主要規範：（1）三個應變級別；（2）進行風險評估時須考慮的主要因素；（3）啟動和解除應變級別的機制；（4）按應變級別而採取的公共衛生行動；及（5）所涉及的主要政策局和部門。三個應變級別即「戒備」、「嚴重」及「緊急」，乃按可能影響香港的新型傳染病所進行的風險評估，以及其會對社會造成的健康影響而劃分。「戒備」應變級別啟動後，政府設立應變指揮架構，由當時的食物及衛生局（食衛局）（2022 年 7 月 1 日政府架構改組後改為醫務衛生局）統籌及策導政府的應變工作，而負責評估風險性質及級別的主要機構是衛生署及醫管局。「嚴重」應變級別啟動後，成立跨部門督導委員會，由食衛局局長擔任主席；「緊急」應變級別啟動後，督導委員會由行政長官親自主持。

各相關局署須按新型傳染病訂立應變計劃，確保政府和主要持份者界別的應變行動及基本服務互相協調。各局署也應定期進行演習和修訂相關應變計劃。衛生署會與私營醫院、醫療專業組織及其他非政府組織保持緊密聯繫，以便有需要時動用社區資源。食衛局及衛生署亦確保制定法例及設立信息傳遞機制，務求根據《國際衛生條例（2005）》所採取的應變行動得以順利執行。視乎不同的應變級別，政府採取不同程度的公共衛生應變措施，一般而言包括以下主要範疇：監測、調查及控制措施、實驗室支援、感染控制措施、醫療服務、防疫注射及藥物、港口衛生措施及信息傳遞等。

預備及應變計劃最後強調：「當局會檢討緊急應變級別所採取的行動，並按情況修訂策略，確保以最具效率的方式運用醫療資源。當情況演變成疫症，出現多宗社區爆發，以及人口中受感染比率偏高時，控疫策略未必能繼續有效阻止疾病蔓延。屆時可能出現極高的發病率和死亡率，對醫護系統造成沉重負擔，不勝負荷；醫療物資供應短缺；全港的基礎設施（包

括運輸、公用事業、商業及公眾保安等）陷於混亂。在此階段實施的緊急應變措施，目的在於延緩疫情，盡量減少人命損失，務求爭取時間，生產有效對抗新型傳染病的疫苗（即緩疫階段）。具體而言，當局的監測工作會收緊至基本元素；縮減甚至全面取消個案調查及檢疫措施；不須再對所有呈現新型傳染病徵狀的病人進行確定測試；而實驗室特徵分析只對選定個案進行。」

新冠疫初應變：SOP 要求的，都做到了

　　2020 年新冠病疫爆發，既展現了香港的制度韌性，但也暴露特區政府危機處理的一些盲點及其公信力不足所造成的困難。觀乎香港在新冠首年的反應，從國際比較，屬於應對有序、防控能力穩健，整體上無論在風險意識、流行病學應對，以及醫護專業應變能力上，皆表現良好。

　　2019 年 12 月，武漢最初發現不明原因肺炎，香港的微生物學和流行病學專家，透過與內地專家互動，掌握了一些情況，於下旬向特區政府示警。2020 年 1 月 8 日，政府已把此仍不知名的病毒納入須向衛生署通報的傳染病名單；1 月 23 日驗出首兩例確診，政府於兩天後即啟動最高之「緊急」應變級別。1 月底，中央也因武漢市及湖北省疫情嚴重且迅速蔓延，採取嚴厲的應變過疫措施，包括武漢市封城（見第五章）。香港也不怠慢，高度戒備，加強入境管制及口岸檢疫，包括機場與港口，但不完全封關。2 月 7 日起，實施強制隔離檢疫，並加強偵察。行政長官親自領導抗疫督導委員會暨指揮中心，下設應變行動、防控、公眾參與和抗疫傳訊四個小組，同時設立專家顧問團，吸納科學為本的意見，佈置上大抵周全。

　　特區政府一開始便採取跨局署統籌機制，強化與各界的協調，特別是海空運、公共交通、旅遊、酒店、餐飲、教育界、物業管理以至安老、幼託服務等方面。相關部門、公衛系統及醫管局均嚴陣以待，調動資源人手，積極跟進疫情，鼓勵市民保持社交距離，並由衛生署轄下衛生防護中心每天公佈疫情，發放最新資訊。私營醫生響應政府呼籲，市民防疫意識也強，紛紛戴上口罩及使用其他防護物，自我防範；那時的焦躁在於口罩

及防護裝備供應短缺，且超市商店出現日用品及食物搶購潮。經過 2003 年「沙士」慘痛教訓，官民反應之快，對初發疫情之重視，以及醫衛人員之拼搏，皆有助防疫，應記一功。

　　各局署、醫護系統及公共機構依章行事，SOP 所要求的，都做到了。政府大抵上參考專家意見行事，不過專家之間意見有時未必一致，而且政府也不能只倚賴正規信息而忽略軟情報和十分敏感的本地民情。隨着內地披露嚴重疫情，香港民情波動，政府在口罩供應、防護配備、「封關」與否、處理前線醫護情緒，以至市民搶購必需品等方面，曾呈現落後於形勢。執行過程中亦存在爭議，包括隔離設施選址以至學校停課安排，不過這類問題也見於其他國家和地區，只因香港於 2019 年反修例動亂後處於政治不穩、社會分化撕裂，[4] 民間充斥陰謀論，致所有公共行政系統常見的思慮不周和執行乏力情況，都被無限政治解讀，這就是危機的政治，但卻是政府施政所迴避不了的軟肋。

應變快，惟疫情仍未受控

　　新冠爆發早期，香港在風險意識、醫護應變能力和協調統籌上，皆勝於「沙士」時期，可見應對「沙士」的不少經驗已進入了制度的基因中，儘管檢測追蹤方面仍未夠進取。無論是公衛系統、醫護防治和醫學專業，均表現出色，備受國際專家和世衛組織的肯定；2020 年 3 月 12 日，美國《華盛頓郵報》（ *The Washington Post* ）一篇報道文章標題問：美國可否向香港學習？從表 9.1 可見，直至 2020 年中，香港的抗疫表現處於全球最前列，僅次於中國內地、台灣及澳門，優於新加坡、韓國、日本、澳洲和新西蘭等其他領先者，死亡率也偏低。

---

[4]　詳見張炳良：《二次過渡——2020 政局反思：危機與前路》，香港：中華書局，2021，第一及第二部分的分析。

表 9.1　　至 2020 年 6 月 30 日新冠病毒抗疫表現

國家 / 地區		感染率 （每 100 萬人口）	致死率 （每 100 萬人口）
中國	香港	160.78	0.93
	內地	61.06	3.25
	台灣	18.73	0.29
	澳門	67.00	-
新加坡		8,051.01	4.77
日本		149.30	7.82
韓國		247.93	5.44
澳洲		305.54	4.01
新西蘭		297.87	4.48
美國		7,849.01	377.99
英國		4,225.23	601.08

資料來源：Our World in Data。

　　早於 2020 年 2 月，特區政府便設立專款「防疫抗疫基金」，除為公衛和醫療系統增加資源外，也為受疫情影響的行業提供援助，以及向市民（永久性居民）發放每人 1 萬港元現金紓困。至 2020 年底，防疫抗疫基金共推出四輪紓解民困、支援業者措施，補貼工資、特別補助受疫情及抗疫措施打擊最大的一些行業、政府及公營機構寬豁免租金和收費、增加抗疫前線資源等，連同 2020/21 年度政府財政預算案公佈的措施，動用共達近 3,180 億港元，約本地生產總值（GDP）的 11%。2021/22 年度預算案在否定設立臨時失業援助金之餘，推出由政府提供 100% 擔保的個人特惠貸款計劃，總擔保額為 150 億港元；又向合資格市民再發放每人 5,000 港元的電子消費券，動用 360 億港元。

　　在應用資訊科技及大數據方面，香港卻明顯落後於內地、台灣，以及新加坡和韓國。特區政府大抵上科學決策，不過早期過分跟隨世衛組織指引，後來疫情全球大爆發後，證明世衛組織最初對疫情的評估過於保守，低估新冠病毒的傳播力和威脅。如上文指出，「沙士」的教訓是政府不能只依賴正規信息及傳統醫學分析，而忽略軟情報和本地民情。而且，面對

重大病疫，政府須平衡科學、社會、經濟及民情反應等多方面因素。

時任行政長官林鄭月娥於 2020 年 5 月在網上撰文，形容政府的「張弛有度」（英文表述為 suppress and lift）抗疫策略為「三人拔河」，須小心平衡公共衛生、經濟影響和市民接受程度三大因素，以擬定恰當的應對措施，因時調整，並表示「張弛有度的『度』都是基於病毒傳播的風險評估和政府內外公共衛生專家的意見，即使顧及經濟影響和市民承受程度，也是以不削弱防疫抗疫的目標為依歸」。抗疫雖非絕對的科學，仍依靠科學論斷，但制定具體策略和手段時也須立足社會現實，並顧及經濟和其他影響，而執行時須全面考慮民情，這是公共政策和危機管理的必要藝術。最終的決定還得由政府領導去做出，無法把責任交給專家。

抗疫論述與封關爭議

政府就新冠疫情的資訊發放，比「沙士」時大為改善，包括設立抗疫網站、每日定期舉行新聞公佈會及網站實時資訊，傳統及新媒體並用，除使用中英文外，還有七種少數族裔語言，涵蓋面不可謂不廣，而且行政長官經常藉每週二行政會議舉行前會見傳媒的場合談及最新疫情。不過，信息量多不等同信息必然傳達到位，況且任何疫情中，必有種種專家和民間智慧之言，社交媒體更會充斥大量真真假假的信息；若政府缺乏明確論述，不能站在高度去展示危機領導力，其抗疫工作必然容易受挑戰、招懷疑。

生命風險當前，一般市民既非專家，也難以從海量的資訊中去蕪存菁，其情緒和認知應對更容易受偏頗片面的言論甚或誤導性消息所左右。他們急需的，不是官樣文章，而是實在的、切實可行的「怎麼辦」提示，使其能過好日常生活。例如，疫情早期，有專家建議市民儲備大量口罩，天天換甚至一日多換、時刻使用消毒液等，那當然比較穩妥，但當現實上早期這些物資都嚴重缺貨時，那市民該怎麼辦？若無答案，他們自然焦躁恐慌，故政府應及早告知在不理想條件下可如何減低風險，以穩定情緒。

2020 年第三波期間，政府於 7 月底限制食肆群聚，曾一度連午饍時間也不容許堂食，導致不少非固定辦公室工作的基層人員（如清潔工、建築

人員、運輸物流工作者等），被迫蹲在街頭角落或公園進食，不單徒增傳染風險，也反映政府決策上和執行配套上的「離地」，未能從平民百姓處身角度去考量問題，遇到需收緊傳播風險控制，便只懂訴諸限聚、限時營業、停業停課、居家辦公等措施，未有周全地照顧不能在家工作的人員、或有職在身的家長如何面對停課後子女的安排等。

這些皆屬於危機管理上的「軟需要」，是今次特區政府在抗疫部署和民情處理上應對不足之處，容易被市民批評為「坐在辦公室指揮抗疫」。疫情最初爆發時，矛頭指向武漢，隨着內地披露嚴重疫情，一些前線醫護人員和社會輿論主張「全面封關」，以防止病毒由內地傳入。很可惜封關問題被過度政治化，有反對者認為提出封關背後有排斥內地的政治企圖，而另邊廂則指責政府不肯封關，乃欲取悅中央而不理市民死活。2020 年 3 月時，不滿政府不肯封關的醫護人員且發起短暫停工行動以示抗議，而政府則懷疑有人借疫情去煽動歧視內地。

其實封關問題，可以實事求是、正面辯論，以釋眾惑。控制源頭風險，防止社區爆發，是流行病學應對常理，一切以控疫優先。不過，就算主張「全面封關」者，也只是指限制外地人士入境而非港人回家，針對人流而非物流，故關鍵在於執行幅度與風險效益。其後內地城市及歐澳國家也實行封城封區，具體做法涉及疫情評估、社會經濟考慮和成本效益計算。香港是人口密集的城市及外向型經濟體，這決定了存在無法迴避的社區擴散風險和難以完全封關的現實經濟考慮。香港所處的局限，近似新加坡，不可動輒訴諸封城，但也不等於不可採取較嚴厲的入境限制，例如澳洲也曾對其國民回國實施配額限制。而且，就算有限度容許外地和本地人入境，亦可視乎疫情和風險評估，實行較周全的檢疫隔離，沒有必然的應做或不應做的情況。惟自 2019 年修例風波後，理性討論的空間變得愈來愈狹窄，事情容易上綱上線，不利於抗疫。

四波疫情，抗疫漸陷膠着狀態

疫情未如期望停下來。2020 年內，香港共經歷了四波新冠疫情。圖 9.1

圖 9.1　2020 年香港日增確診病例及致死數字走勢（每 100 萬人口，以 7 天滾動平均計）（按 Our World in Data）

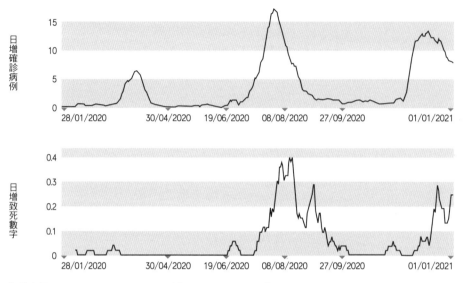

資料來源：Our World in Data, https://ourworldindata.org/covid-cases.

顯示日增確診病例及致死數字（以 7 天滾動平均計）的變化。

　　第一波於 1 月底出現，應是源自內地輸入，但由於感染病例不多，本地防抗疫回應迅速，疫情受控。在社區層面，厲行社交距離限制，1 月底起除必需性和緊急服務，公務人員居家工作，一些企業和非政府機構也跟隨；如此居家安排因應疫情實行多輪。2 月初起學校關閉，改為網上上課，直至暑假；文康處所也停止開放。公共交通大幅萎縮，例如香港鐵路系統（港鐵）於 1 至 3 月載客量下降超過一半，且須配合政府紓民困政策實施票價八折至年底（政府提供 50：50 配對補助，約 8 億港元）。3 月後期，由於輸入個案增加，社交距離措施收緊，室內室外聚會人數、食肆營業時間和座量等，皆受不同程度的規限，並隨疫情的起伏而收放，嚴重時收得更緊，致業界怨聲漸多，一些甚至無法經營下去而要裁員結業。為應付疫情造成的龐大財政壓力，國泰航空公司 6 月宣佈 390 億港元資本重組

計劃，包括特區政府入股與貸款合共 273 億港元。[5]

隨着歐美澳等國家疫情惡化蔓延，大量海外港人（包括留學生）湧回香港，導致 3 月底至 4 月的第二波疫情。特區政府聽取社會和專家意見，急速收緊入境檢疫，以及處所開放和社交距離限制，並近乎關閉口岸、停運直接往來內地城市的廣深港高速鐵路香港段服務、限制往來疫情嚴重地區之航班、禁止境外包括內地入境過境（除少量特殊情況）、香港居民回港須受檢測及強制居家隔離等。並動用紀律部隊人員協助追蹤確診者的密切接觸者。之後情況有所好轉，6 月放寬限制，可是很快疫情又再惡化，7 月爆發第三波。政府規定來自指定高風險地區的入境者，均須酒店隔離，並於年底推出「指定隔離酒店計劃」，初為 21 天，後完成疫苗接種者減為 14 天（中風險區）或 7 天（低風險區）。

之前一收一放，引發人們「報復式」外出，而且回港人士雖然居家或酒店隔離，並佩戴連接政府「居安抗疫」流動應用程式之手環或手帶以作偵測，惟有存僥倖心態者仍然四出，增加社會傳染風險。此外，有約 20 萬共 33 類「豁免隔離」人士（包括機組人員、船員及一些公司行政人員等）也帶來從外傳染的缺口。漏洞發現後，政府對機組人員和船員實行強制檢測，2020 年 11 月中旬起全面收緊豁免檢疫安排，並強化對豁免人士的監管，包括確保對相關活動的閉環管理。2021 年 2 月起，機組人員須在檢測完成後於航空公司所安排的機場酒店自我隔離直至下一航班。對來港裝卸貨物之貨船的換班離船船員，也進一步收緊檢疫限制。

早期政府加上本地私營化驗設施的測試總能量，只能應付每天 7,500 試，後來逐步擴充至每天 10 萬試。隔離及治療設施也見不足，位於大嶼山亞洲國際博覽館的社區治療設施，提供 500 張病床接收比較年輕、病況輕微及有自理能力的新冠患者，以讓公立醫院集中處理病情較嚴重的病人，顯然不敷持久抗疫所需，故在中央政府支援下只用了半年時間速建臨時設施，名為北大嶼山醫院香港感染控制中心，於 2021 年 2 月啟用，提供

5　國泰表示，受疫情影響，2020 年首四個月乘客人次同比下跌 64.4%；載貨量同比下跌 26.6%。自 2 月以來，每月虧損現金 25 億至 30 億港元。

約 820 張標準負壓病床。

　　在內地人員襄助下，特區政府於 2020 年 9 月推出全民自願社區檢測計劃，動用 5.3 億港元，但只有 178 萬人接受檢測，佔總人口約四分一，起不到全民檢測的應有作用，共驗出 32 名確診者及一名「假陽性」人士。其後，政府採取針對感染群組和高風險社群的「須檢必檢」、目標群組「應檢盡檢」，以及讓市民安心而提供「願檢盡檢」的中間方案。全民檢測究竟應是自願還是強制，引來較多爭議，政府及其顧問專家一直不肯全民強檢，認為若無法實施類似中國內地的封城或限制小區人口出入，則實效有限。內地當時「封城、禁足、強檢」模式之能落實，除靠政府意志和民眾遵從等因素外，也有賴在配套上做得較讓民眾安心，如跨部門聯防聯控、人力物資統一調配，生活物資到戶等，令受禁的小區能在較短時間內完成檢測篩查。香港是人口稠密的繁忙都會，小區封鎖禁足說易行難，不能把市民遵從視為必然，需全面顧及法規、流程、物資供給和執行力問題。

　　全民檢測若非強制性，的確不具實效，因新冠乃無症狀之病毒，易擴散而難覺察。但社會上對強制檢測的爭議，除關乎必要性和可行性等實在的問題外，更存在反對及懷疑政府的種種政治陰謀論猜想，例如市民對政府推出「安心出行」應用程式（以助追蹤市民曾到過之地），反應冷淡，至 2020 年底仍只有 41 萬人次下載。有論者把市民的消極反應，歸究於他們不信任政府，擔心個人私隱資料會被政治使用，早期甚至有反對派人士鼓吹不參加檢測或不下載官方程式。若社會上對政府信任高，相信會較能接受政府一些較強制、較嚴屬的措施，更有利於盡早控制疫情，惟經歷 2019 年以來的政治動亂，政府民望低落，話語權不彰，動輒得咎，致缺乏所需底氣去作艱難的取捨和決定。

　　抗疫疲倦造成防疫鬆懈，第四波見於 11 月底（直至 2021 年 4 月），初源自傳入新冠病毒新毒株，以及一些前未預料的本地感染群組（如歌舞群組），把病毒帶入不同住宅區以至會所，社區上存在較多隱形傳播鏈，而且步入冬季也容易讓疫情惡化。類似反覆的趨勢，同期也見於之前控疫表現突出的韓國和日本，而歐美該年底新一輪疫情也比初輪更為惡劣，並曾見傳播力更強的新毒株（初見於英國和南非）。持續的疫情使政府加強

危機感，除強制一些風險較高的社群（如職業司機、安老院舍職工等）進行定期檢測外，也對個別感染率較高的住宅大樓實行強制隔離檢測（見下章）；學校欲復課則規定一定比例的教師必須定期檢測。

「張弛有度」的抗疫策略

　　政府聲言繼續根據「張弛有度」的策略，以有系統和精準的方式，因應疫情的實際發展，逐步有序地分階段調整各項抗疫措施，多管齊下防止病毒傳播。2020 年 7 月第三波起，政府已預計「香港的疫情會在未來一段長時間內不斷有所波動，不時出現本地個案屬於預期之內，而隨着社會有必要有限度地恢復經濟和社交活動，出現新增感染個案無可避免」。故其在此階段的防控目標，「是希望通過各項疫情防控措施，包括邊境控制措施、社交距離措施、檢疫隔離措施和監測追蹤措施等，務求將感染情況及個案維持在本港公共衛生及醫療系統所能負荷的水平之內，而並非期望將病毒完全消滅或長期維持零感染」。[6] 至 9 月，政府重申當前的工作重點並非徹底消滅病毒或達致持久零感染，而是把防控疫情和管理感染的工作納入成為社會日常運作的新常態。

　　總結 2020 年首三波控疫，醫管局主席范鴻齡曾表示有「四不足」：個人保護裝備不足、硬件不足、公私營醫療協作量和速度不足，以及出現醫院內感染。[7] 至第四波爆發時，香港的疫情已顯得較前嚴重，民情波動，但作為外向型經濟城市，因高度依賴對外貿易、旅遊及與全球各地（包括內地）的緊密聯繫，不能輕言封城封關。有關新冠首年帶來的挑戰及經濟影響，可參考立法會秘書處資料研究組於 2020 年 12 月發表的《研究簡報》（2020－21 年度第 1 期），特別是各行各業業務收益、就業情況、住戶收入及市民個人消費開支等的變化。雖然本地防疫機制仍具韌性，醫衛齊心及

6　見政府提交立法會衛生事務委員會文件：《香港預防及控制 2019 冠狀病毒病的措施》，立法會 CB(2)1269/19-20(01) 號文件，2020 年 7 月 10 日，第 5 段。

7　《明報》，2020 年 9 月 24 日。

表現專業，不過應付疫情之人手已見緊絀，政府及醫管局需徵用一些退休人員。

持續的「收緊－放寬－再收緊－再放寬－再收緊」，反映對病毒自外輸入和本地社區傳播兩頭，仍未能完全有效控制。疫情一年未止，此刻就好像一場戰爭陷入「膠着」狀態，須尋求戰略性突破，否則收放循環不斷的怪圈，徒添不明朗氛圍，曠日持久，甩漏漸多，市民和商戶業者進退難以適從，會助長疫情疲倦，社會怨氣日增，風險意識也會逐漸名存實降。

第十章
反覆、徘徊（2021年）

　　上一章講述了香港2003年後因應「沙士」慘痛經歷而全面整頓了針對新型傳染疾病的預防應變機制和運作架構，加上政府和社會上的風險意識也已經提高，因此2020年面對新冠病疫，在準備部署上反應較快，整體抗疫表現較出色。但是新冠病毒有異於「沙士」，特點是無症狀、傳播力強、追蹤較難，且變種快、擴散迅速，其持久性已證明大大超越「沙士」。新冠不斷產生新的變種毒株和亞毒株，全球疫情未止。曾受「沙士」之害者固然能吸取經驗和教訓，但總不能全依賴應對「沙士」之道，使複製於新冠抗疫之中。打持久戰的考量不同於陣地決戰。

　　2020年香港經歷四波疫情。疫發早段，一些人一度以為新冠或會像「沙士」一樣，可於數月內逐漸失去威脅，但到是年7月第三波起，特區政府已接受不可能完全清零，遂採取「張弛有度」的平衡策略，保障公共衛生安全為重，亦兼顧經濟影響及社會上接受程度。踏入2021年，疫情未有見頂，至3月稍為緩和但仍有反覆。以確診率和致死率而言，香港當時仍遠勝歐美各國及日本、韓國，但控疫力度不及中國內地、台灣、澳門，以及新西蘭等國家和地區有效，在致死率控制方面則遜於新加坡（見表10.1）。

經濟衝擊愈見明顯

　　特區政府在控疫管制和維持經濟民生活動之間不斷尋求平衡，以既保生命也保生計。如此「雙保」目標，難免存在張力矛盾，也是各地政府同樣必然面對的困境。一年下來，這場抗疫之戰，已不能以普通的持久戰視之，因為持久會帶來更困難多變的戰局，消耗醫衛資源，削弱經濟財政，打擊就業民生。對廣大基層來說，保障生活顯得尤其迫切，不少行業營運

表 10.1　香港至 2021 年 3 月 31 日的抗疫表現

中國香港		確診率 （每 100 萬人口）	致死率 （每 100 萬人口）
2020 年 3 月 31 日		90.73	0.53
2020 年 6 月 30 日		160.78	0.93
2020 年 12 月 31 日		1,180.32	19.75
2021 年 3 月 31 日		1,530.04	27.35
比較：			
中國	內地	69.14	3.25
	台灣	43.17	0.42
	澳門	69.91	-
新加坡		11,071.77	5.50
韓國		1,999.59	33.48
日本		3,812.51	73.64
澳洲		1,131.20	35.07
新西蘭		487.55	5.46
美國		90,690.99	1,626.95
英國		64,651.71	1,884.62

資料來源：Our World in Data。

困難，當中以旅遊、航空、酒店、餐飲、零售等尤甚。失業率由 2019 年第四季的 3.3%，急升至 2021 年 3 月中的 7.2%，是 2004 年以來高位。[1] 政府當時估算 2020 年全年私人消費開支下跌 10.1%，營商前景不明，導致投資開支下跌 11.5%，整體經濟收縮 6.1%，是有記錄以來最大的年度跌幅。雖然政府成立了防疫抗疫基金，支援受疫情影響的行業及紓緩民困，資助亦毫不吝嗇，但是庫房不是取之不盡，長貧也有難顧的一天，總不能長期單靠公費接濟去解決根本性的經濟民困。

　　疫情持久下，醫學和經濟兩條戰線須並行結合，由初期經濟（放緩）配合醫學，逐漸過渡到醫學配合經濟（復蘇），因為就算有疫苗帶來曙

---

[1]　按政府統計處公佈勞動人口統計，經季節性調整的失業率由 2022 年 3 月至 5 月的 5.1%，下跌至 5 月至 7 月的 4.3%；就業不足率亦由 3 月至 5 月的 3.5%，下跌至 5 月至 7 月的 2.2%。

光，仍需好一段日子才達致全民免疫，故社會不能被動地由病毒牽着鼻子走，應思考如何轉守為攻。惟當時政府領導層過於猶豫不決，舉棋不定，既不擬全民強制檢測，又不欲大面積封城篩查，也缺乏清晰的退場計劃（exit plan），致持續徘徊，增添社會上及業者之困擾。當時若仍以「清零」為戰略目標，則速戰或許可以有助速決，寧願付出一時之代價和痛楚，殺出血路來保安寧。

若要重手速戰的話，究竟須怎樣加限，是否全民強檢，社會上需付出多大代價，政府要算一個賬，並把所有的困難和兩難情況都「攤出來」，包括專家們的論斷，走出辦公室向市民交代，不再重複 2020 年初「全面封關」問題時迴避辯論。任何政策皆屬艱難之取捨，控疫最終需獲民情認同支持，若決策者對疫情和民情心中無底，便果斷無從，而且任何強制措施均考驗部署設計上的周全和執行力的完備，包括如何確保民眾遵從；而控疫的表現又反過來影響各界各階層對政府的支持和信心。若處理上猶豫保守，容易兩者兼失。疫情愈是持久不下，愈會動搖香港的經濟實力，構成進一步的社會和政治壓力。2021 年的形勢，正陷於進退徘徊，予人缺乏出路的感覺。

疫情比前嚴重，限制也收緊

第四波疫情起於 2020 年 11 月底，直至 2021 年 2 月。情況比前嚴重並呈膠着狀態，社會上不滿政府抗疫效力之聲日大，連國家主席習近平於 1 月 27 日透過視像聽取行政長官林鄭月娥的述職報告時，也對香港疫情深表憂心。特區政府再次確定「外防輸入，內防擴散」策略，作出更嚴密的風險評估，全盤考慮全球和本地疫情、疫苗接種率、因應外地出現新冠變種等因素，對不同國家和地區實施風險分級入境限制，對疫情嚴重者更採取「熔斷機制」，禁止從該地點前來的航班進境，以及適時調整對本地和非本地居民的入境限制和強制檢疫要求。

2021 年 1 月底，特區政府全面加強邊疫措施的力度，厲行追蹤、檢測，較突出的是實施新的「受限區域」強制檢測（坊間稱為小區或大廈圍

封），收緊門檻，只要任何大廈出現 1 宗源頭不明個案，或污水檢測呈陽性，就要即時封廈封街作強制檢測，待驗出結果才予開放，呈陽者須予隔離治療，以切斷任何潛在傳播鏈。社交距離及限制聚會和食肆酒吧等營業的措拖持續，視乎疫情時寬時緊。2 月農曆新年假後，學校有條件地讓學生回校上課半天，5 月下旬全面實行半天面授；2021 年 9 月新學年起，視乎教職員和學生的完全接種疫苗率而全面恢復面授。

2 月下旬起，政府逐漸放寬若干社交距離及處所食肆營業安排，但同時規定工作人員須定期檢測及光顧的市民須使用「安心出行」應用程式掃描場所二維碼，或書面登記個人資料，以助追蹤疫情。此誘因令「安心出行」的下載量急升，至 3 月初累計超過 300 萬。11 月，政府實施進入主要政府處所和設施均須使用「安心出行」應用程式；而在運作可行及不影響醫療服務提供的情況下，到訪公立醫院其他範圍及醫管局其他醫療設施的人士，同樣須使用該程式。這規定促使下載量進一步增加，10 月時已達 600 萬次。

特區政府自 2021 年 2 月 23 日起展開為成年市民接種疫苗計劃，首階段針對五類優先組群，包括醫療機構人員及參與抗疫工作人員、60 歲或以上人士、安老院舍和殘疾人士院舍之院友及員工、必要公共服務人員，以及跨境運輸、口岸、港口工作人員；之後逐步擴大範圍，最後延及 12 歲或以上。疫苗初為國產的科興（Sinovac），3 月再加上德國生產的復必泰（BNT）；3 月下旬，接種疫苗人數超過 40 萬，但存在一定的疫苗猶豫情況。5 月，政府給予公務員疫苗假期，一些大公司亦推出各種「利誘」方式包括贈送機票、折扣優惠券甚至抽獎送住宅單位，以催谷接種率。政府又以「疫苗氣泡」安排，規定人員（包括顧客）已完成接種疫苗的飲食場所才可放寬營業限制。隨着「疫苗氣泡」涵蓋的地點日多，客觀上令更多地方若市民尚未接種疫苗（故沒法藉手機上顯示疫苗接種記錄或出示接種證明書）便不能進入。至 2021 年 8 月底，第一劑疫苗接種率達至六成。

2021 年 9 月起，政府規定所有公務人員、醫管局人員及院舍和學校人員（除非有特別醫療狀況）均須已接種至少一劑疫苗或進行核酸測試。一些企業也強制員工接種疫苗。政府多番表示，社會人口全面受疫苗覆蓋，

有利於與內地和外國恢復正常通關往來。當時專家一般認為，疫苗接種率至少超過七成，才可助社會上形成群體免疫效應，但要近乎全民接種並非短期可達。世衞組織的專家更於該年初警告，由於生產疫苗及接種需時，全球 2021 年內無望達致群體免疫，而且病毒不斷變種，故疫苗效力仍備受挑戰。

為局部恢復與內地免檢疫通關鋪路，特區政府一方面確保防控疫措施更緊貼內地做法，使對香港增加信心而讓港人豁免或放寬隔離入境內地，另一方面引入「港康碼」，至 2022 年 1 月，已有 72.1 萬市民申請登記帳戶，啟動帳戶者近八成。隨着「港康碼」功能改善提升，更為用者友善，相信登記者會逐步增多。

回應輸入病毒的風險

因應輸入病毒的風險，政府於 2021 年 4 月 15 日再收緊航班熔斷機制，加強外防。倘若同一班抵港的民航客機有 3 名或以上乘客經抵港檢測確診，或相同航空公司於 7 天內從同一地點抵港的兩班民航客機各有 2 名或以上乘客經抵港檢測確診，衛生署會引用機制，禁止有關航空公司從同一地點抵港的民航客機着陸香港，為期 14 天。政府並新增一項並行的地區性航班熔斷機制準則，從同一地區抵港的所有民航客機，不論屬於任何航空公司，如 7 天內共有 5 名或以上乘客經抵港檢測確診並帶有 N501Y 變種病毒株，[2] 即禁止所有從該地區來港的民航客機着陸香港 14 天。

鑒於全球疫情趨烈，以及傳染力強之 Delta 變種在多國出現，政府又於 2021 年 8 月 20 日起提升 16 個疫情嚴峻的海外地區的風險組別，對來自相關地區的旅客實施更嚴格的登機、檢疫及檢測要求。基於一籃子考慮因素，包括公共衛生（當地疫情、檢測率、疫苗接種率、旅客流量和實際輸入個案情況等），以及與香港社會經濟相關的因素，把不同國家地區分為 A、B、C 三級風險組別（代表高、中、低風險）。原先 2020 年 11 月香港宣

2　SARS-CoV-2 譜系的變體包括 Omicron 和先前大流行 B.1.351 和 B.1.1.7，含有 N501Y 變種。

佈與新加坡達成「航空旅遊氣泡」安排，即在互惠和低疫情下雙向開放，但此議一直蹉跎，至 2021 年 8 月雙方表示，考慮到兩地在疫情防控方面所採取的策略存在差異，決定終止探討，各按照自己的入境防控措施，繼續推動兩地人員往來。

2021 年 9 月，特區政府推出針對香港居民的「回港易」和針對非香港居民的「來港易」計劃，主要是從內地或澳門回港來港者，使透過網上預約入境香港名額，入境時須核酸檢測呈陰性，可豁免強制檢疫安排。[3] 政府又表示正與廣東省和澳門在聯防聯控的工作框架下，研究在疫情穩定後，逐步有序恢復粵港及港澳雙方人員往來。三地政府擬互相認可合乎標準指定檢測機構進行的檢測結果，並透過三方的「健康碼」進行互認；可惜其後因疫情不穩定而一直未能落實。

第四波之後疫情逐漸平復下來，2021 年中起大致受控，但始終無法達致實質「清零」，主要是由於香港屬外向型經濟，須在多方面維持一定的對外開放，因而不能杜絕外來輸入病毒及最新變種的風險。因生活上限制持久，市民呈現抗疫疲勞，且一收一放，也見報復性外出群聚，影響一些防疫措施的遵從實效。政府自 2020 年起已採取力度甚大的逆周期財政措施，2020－21 及 2021－22 年度累計財政赤字達 3,592 億港元。2021 年因從極低點反彈，全年經濟增長約 6.4%。

2021 年底，Omicron 新變種見於亞洲，旋侵入香港，疫情再有反彈，全城緊張（下一章再述）。有歸究國泰航空公司機組人員違規外出，導致首次出現 Omicron 本地傳播；國泰航空承認有五名機組人員確診，調查顯示部分機組人員嚴重違反防疫規定，被紀律處分，甚至予以解僱。政府對有機組人員違規外出，甚至到訪大量人群聚集的地方，表示強烈不滿，時

3　「回港易」針對香港居民，若入境香港前 14 天內不曾到過香港、內地或澳門以外的其他地方，或任何「回港易／來港易計劃暫不適用風險地區名單」的地區，可透過網上預約入境香港名額，於指定日期和口岸入境，入境時須持有效核酸檢測陰性結果證明，獲豁免強制檢疫。「來港易」同樣讓 14 天內不曾到過粵港澳以外其他地區及上述不適用地區的非香港居民，透過網上預約入境香港名額，入境核酸檢測和豁免強制檢疫安排相若。

任行政長官林鄭月娥且召見國泰航空主席及行政總裁。[4] 政府遂收緊駐港貨機機組人員檢疫安排，所有曾在海外地區或台灣逗留者，返港後必須入住指定檢疫酒店，直至取得第七天的核酸檢測結果。在專家警告或會出現第五波下，政府於 2022 年 1 月上旬再次收緊社交距離及公共設施、大型活動和飲食場所營業限制，加強社區控疫檢測及隔離措施，並恢復對八個國家實施航班熔斷機制，月中禁止過去 21 天曾在逾 150 個高風險地區逗留的旅客在香港轉機或過境。

應付第五波疫情的關鍵在於擴大接種疫苗以增強抗疫力，可是疫苗計劃雖然已進行近一年，政府及醫學界均大力推動，但仍見疫苗猶豫現象，一些市民特別是長者和長期病患者，始終對疫苗存有戒心。2022 年 1 月中第五波爆發前夕，總接種率只停留於七成左右，致全民免疫的目標一直滯後。當中長者接種率偏低，70 − 79 歲者不足五成，80 歲以上者僅約二成，比不上如新加坡等城市，致成為第五波臨近時的最脆弱一環。後來 Omicron 確陽個案增多，儘管社會上再度出現厭倦反應，但也有助驅使尚未接種疫苗者趕緊注射，政府也考慮讓 5 − 11 歲兒童接種，以策安全。

綜合而言，港人普遍自覺避險，重視衛生健康，應無庸置疑，但受 2019 年動亂影響，部分市民尤其年輕人不信任政府，抵制情緒依然存在。政府因忌官民矛盾加深，而且管制太多太緊也必引致壓縮經濟，增添民生怨憤，故初期傾向依賴市民自願遵從，但踏入 2021 年已收緊強制措施，重申以動態清零為目標。從表 10.2 統計可見，截至 2022 年 1 月中（即第五波爆發之前），香港控疫雖不及中國內地、澳門，但其成效以國際比較仍屬表現突出，優於日本、韓國、新加坡及澳洲，致死率顯著低於台灣，反映特區政府統籌能力、醫護公衛系統應對能量，以及各政府部門和公共機構的整體效率維持較高水平，社會各界也適應很快，雖然因種種不便或發現

4　國泰航空有機組人員涉利用航空業的所謂檢測「漏洞」，以「客機去、貨機返」方式回港，避開由客機回港人員須在酒店強制隔離的規定，使可以回家進行自我居家隔離。惟他們在居家隔離期間仍然外出，因身上帶有 Omicron 變異病毒株，致令疫情蔓延到社區。事發後國泰航空已解僱五名涉事員工，警方則於 2022 年 1 月以違反《預防及控制疾病規例》，拘捕並起訴兩名已被解僱員工，指控在醫學監察期間進行不必要活動。

防疫漏洞而時有怨言，也不致於像歐美一些國家般發生反限制反疫苗的大型示威抗議甚至破壞行動。

表 10.2　2022 年 1 月 16 日香港新冠累積確診率和致死率與他地比較

		確診病例 （每 100 萬人口）	致死個案 （每 100 萬人口）
中國	內地	72.76	3.21
	香港	1,703.21	28.20
	澳門	119.99	-
	台灣	747.01	35.67
新加坡		53,514.93	154.58
日本		14,926.37	146.20
澳洲		69,256.71	104.39
韓國		13,566.50	123.44
新西蘭		2,952.99	10.15
美國		197,359.27	2,555.03
英國		223,630.38	2,230.11

資料來源：Our World in Data。

「動態清零」下的徘徊

香港作為中國特別行政區，跟隨國家的「動態清零」總政策精神，須要同時兼顧與內地和國際的聯繫，以發揮好國家經濟「雙循環」中的獨特角色。「清零」不應僵化為發病率歸零，而是動態地理解為控疫從嚴、切斷病毒及其新變種的既有和潛在傳播鏈。香港的防疫措施應屬全球較為嚴厲者，僅次於內地，但因兩地制度和民情有異，難照搬內地的一套。香港作為外向型經濟，總不能因存在「輸入」風險而長期不與海外正常通關往來，也難做到內部完全感染個案清零，但須積極控疫，既為全民健康，也為不因大爆發而弄垮醫護系統，並波及經濟民生活動。這是一個十分弔詭的形勢。第五波爆發所造成的大震盪（見下一章），正好說明危機挑戰之所在。

　　自 2021 年後期起，「與病毒並存」漸成為國際大勢所趨，抗疫或成持續，那麼戰略思維需有所調整，而且社會也不可能長期保持在緊繃狀態，前線醫護和其他防疫人員也會疲勞厭戰，愈是這樣，愈容易導致執行力度減弱，暴露之缺失日多。隨着鄰近國家和地區以至競爭對手（如新加坡、韓國、日本）已逐步恢復免隔離通關及社會經濟活動復常，香港感受到來自營商者、外資公司及普羅市民的壓力日大。各行各業焦躁增加，復業回常之期盼益甚，海外往來總不能長期受遏，否則會削弱香港的國際樞紐地位。2021 年內香港經濟增長雖低位回升，但基本因素仍待鞏固，繫於往後疫情及控疫策略。

　　外防輸入、內防反彈擴散，仍然重要，但能否透過完善檢測檢疫，堵塞程序和機制漏洞，從而逐步放寬入境而仍可維持外防之效？同理，能否在做好疫苗接種和完善監察追蹤機制後，逐步放寬內部管制，使縱然有社區個案仍可受控，不致釀成爆發，好讓社會活動大致恢復、各業重獲生氣？可以說，到 2021 年底，抗疫行動已進入關鍵時刻，須作整全評估，制定下一時期面對新冠長存下的較進取戰略，不能仍停留在收放斷續，致營商和生計無法穩定下來的狀態。當時已有醫學專家提出：新冠病毒不會自然消失，圍堵清零乃手段，以嚴厲措施換取安全空間，使市民接種疫苗盡早達致全民免疫，建立抗疫韌性，這樣冠毒殺傷力才可大減，才有條件讓社會安全有序地逐步復常，向外通關，之後可將新冠當流感看待。

　　全民疫苗覆蓋必然是對策的重中之重，故有建議實行「疫苗通行證」，使增加疫苗接種意欲（包括第三劑以至第四劑），爭取整體三劑接種率達至九成以上，因為愈接近全民免疫，愈有利於全民保障及百業復興，讓市民恢復基本的正常起居。政府當時推行「疫苗氣泡」，概念上也似疫苗通行證。為求與內地豁免或縮短隔離檢疫通關，按內地防疫要求實施入境「健康碼」乃不二之途。作為特區和國際樞紐港，既靠與內地全面通關，也靠與世界各國恢復正常人員和商貿往來，關鍵是做好內部傳播控制；若不及早創造與內地和海外全面復通的條件，則在新冠病毒不會完全消失的前設下，香港或長期受困而成為孤島。

　　「手術成功，但病人死了」（the operation was successful, but the patient

died），乃醫學上的黑色幽默，說來荒唐，卻道盡在不完全掌控和預測的風險危害中，若戰術（手術）一成不變，墨守成規，可能出現意外災難，至今已成為商業以至軍事行動的警示。放在處理新冠病毒疫情，也有啟發性。2021 年起，新冠變種 Delta 及 Omicron 改變了不少之前對病毒的認知和抗疫策略的取捨。2022 年 1 月 24 日，世衛組織總幹事譚德塞（Tedros Adhanom Ghebreyesus）於其執委會上說：「對於大流行會如何發展，急性期將如何結束，有不同的設想。但假設 Omicron 將是最後一種變異株，或者疫情已進入尾聲，這是危險的。恰恰相反，從全球來看，出現更多變異株的條件極為理想。」

　　新冠病毒有可能持久存在下去，並不斷異變新種，成為常存威脅，那麼為應付一段時期而作出的應急應變措施，能否長期延續下去，便不是一個純醫護承受力和行政能力的問題了。以封關封區（城）為例，若封上一年兩年，則社會的生命力會受重創，病毒未滅而人們已沒法過活，對小型和外向型經濟尤甚，這解釋了為何以嚴厲控疫見稱的新加坡，於 2020 年曾果斷採取類似封城的全國性「斷路」措施，但至 2021 年下半年，已逐步調整策略，有序地及不斷評估風險下為經濟營運復常鋪路，因為若不這樣，社會須付出的代價會日趨擴大。

抗疫持久戰下如何守下去

　　香港社會上往往把「清零」跟「與病毒並存」對立去看。真正的挑戰是怎樣在新冠病毒長存下，既致力切斷其變種的傳播鏈，不減低風險意識，亦不迷信數字歸零，又能同時做好防範框架和各樣配套，使盡早復業復常。與內地盡早恢復少檢通關，以及回復國際正常往來最為迫切，是經濟復蘇的重中之重。「復常」應成為策略上的總目標，當時有不少意見主張全民強檢，若擴大檢測終屬必要，倒不如一次過全民強制進行，而不是毫無預警、隨時發生的各小區各棟樓一有確陽個案便圍封強檢，以減少擾民及不確定性。同時，香港應以怎樣的心態面對疫境？若跟新加坡比較，以當時的感染確診數字而言，香港安全得多了，但為何香港反較新加坡呈

現更大的憂慮及不安全之感？特區政府的抗疫危機論述和對外溝通，顯然不足甚至有點蒼白，不重視作戰上的心戰。

若政府缺乏「終極」論述（endgame）（或所謂「退場」計劃），那麼怎樣叫市民守下去？若人人轉向憂慮悲觀，致產生骨牌效應，失業上升，消費疲弱，隔離封關禍及物流供應和商貿往來，連環反應，社會容易變作死城，那麼抗疫策略還可守多久？愈持續不去的病毒，愈帶來新的挑戰。一般而言，疫情擴散，影響民生和經濟活動，所以控疫復常，讓人們重獲安全感，乃政治上正常亦正確的思路。世界各地處理病疫爆發，均循此途徑，既控傳播，也重研發和接種疫苗，使產生群體免疫能力。若病疫轉為可治的風土病，則社會不用慌張，生活仍一切如常，保生命和保生活不存在矛盾。

病疫危機從來不單是一個醫療衛生問題，危機就是政治，決策考量上須多面向，既重科學也是藝術，最終須回應民情政情，不存在絕對。抗疫兩年，特區政府的決心毋庸置疑，但香港陷入三方面困擾：一、政府危機論述不清，有時前後矛盾，致市民無所適從，愈發不安。二、專家意見雖受政府重視、市民信賴，但專家代表不了政府；專家向外說得愈多，因各有定見，若缺乏政府的權威性論述，會產生種種揣測。三、社會不可能長期保持在緊繃狀態，愈是這樣，愈會抗疫疲勞，導致削弱執行力度，產生不應有的缺失。經歷 2022 年第五波近乎「淪陷」的疫情，上述的挑戰和香港所處的困局更為凸顯，下一章詳加討論，並就香港兩年多抗疫的得失作一初步總結。

第十一章
失陷、求變（2022年）

2021年底，香港新冠疫情自4月起經歷了八個月日增確診個案單位數字，社交距離等管制措施逐步放寬，特區政府及不少市民原以為與內地通關回常有望，有利於經濟復蘇。直至2022年1月，以感染確診率和死亡率而言，香港的表現雖不及中國內地和澳門，但超越新加坡、韓國、日本和澳洲等地（見第十章表10.2），當中有賴醫護系統及各政府部門人員的長期努力和專業表現。依首兩年的抗疫成績，香港步步為營的取向似可守下去，但經濟代價日大，處於抗疫瓶頸，進退能否有度，繫於往後策略。疫情膠着，不等於必然會惡化失控，豈料2022年農曆新年過後，由Omicron引發的第五波疫情把如意算盤打翻，一下子否定了之前兩年較出色的控疫表現。第五波疫情迫使香港全面反思抗疫策略，並切實尋找在上述基本政策挑戰不變下的出路。

第五波「淪陷」，疫情轉折

2022年2月起，新冠確陽病例急升，日增個案由三位數字升到以千計再上至萬計，死亡增加，且包括兒童。3月4日，總感染確診超過44萬宗，是至2月4日之前兩年合共1.4萬多宗的30倍；3月5日新增病例以7天滾動平均數計逾4.3萬宗。致死者多為未接種疫苗的長者，按衛生防護中心其後公佈，第五波至3月24日累計有6,557人病死，當中逾九成半為60歲或以上（《明報》，3月25日）。若以確診率和致死率去看，2月中起一個月內升幅分別為46.5倍和19.2倍！（見表11.1）

表 11.1　不同階段累計確診率和致死率（每 100 萬人口）

		2022 年 1 月 16 日		2022 年 2 月 17 日		2022 年 3 月 15 日	
		確診率	致死率	確診率	致死率	確診率	致死率
中國	內地	72.76	3.21	74.35	3.21	83.65	3.21
	香港	1,703.21	28.20	2,693.31	31.51	125,243.62	604.81
	台灣	747.01	35.67	829.89	35.72	897.17	35.76
新加坡		53,514.93	154.58	97,811.54	170.53	176,824.30	212.52
日本		14,926.37	146.20	33,717.69	168.64	46,455.63	209.93
韓國		13,566.50	123.44	34,222.78	141.95	148,703.78	215.42
新西蘭		2,950.86	10.14	5,254.28	10.34	77,900.63	19.90
澳洲		69,256.71	104.39	115,946.17	187.41	143,709.74	218.63
美國		198,007.77	2,566.11	235,122.12	2,799.10	239,057.48	2,902.78
英國		223,635.89	2,230.11	271,921.71	2,351.07	291,427.75	2,393.33

資料來源：Our World in Data

　　面對如此嚴峻疫情，特區政府當時卻顯得應對失策失措、瀕臨失控，致人心惶惶、社會躁動，政府成為眾矢之的，其領導能力繼 2019 年政治動亂後再次受到質疑。一直以來香港的抗疫表現以國際比較本屬出色，此刻卻予中央及內地民眾抗疫失敗之感，甚至視為全國短板，須靠中央去指揮調整抗疫策略。國家主席習近平於 2022 年 2 月 16 日指示控疫壓倒一切後，除由中央大力協調內地部委及廣東省支援、中央專家到港提供指導外，駐港中央政府聯絡辦公室（中聯辦）更出面動員社會各界和各大企業合力抗疫。

　　其實，Omicron 傳播力強，2021 年末已肆虐歐美，11、12 月傳至澳洲及新加坡，按勢香港不可倖免，所以令人感到疑問的自然是特區政府內部有否足夠預案。究竟第五波下香港為何會兵敗如山倒？感染數字像火箭般飆升，也不只在香港，過去抗疫突出的新西蘭、韓國和新加坡，同樣面對如此海嘯（5 月起台灣也有相同遭遇），圖 11.1 顯示 2022 年初起四地的疫情波動趨勢。期間新加坡急升至每天新確診最高達 1.9 萬，韓國每天新確診升至逾 10 萬，數字上的疫情不能說不嚴重。那為何在媒體報道和一些國際輿論下，它們似仍一切大抵受控，而香港卻如墮入淪陷之境，醫護系

圖 11.1　2022 年香港、新加坡、韓國和新西蘭每百萬人口日增確診病例及致死率走勢（至 8 月 31 日，以 7 天滾動平均計）（按 Our World in Data）

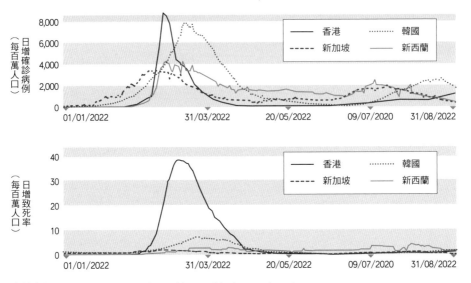

資料來源：Our World in Data, https://ourworldindata.org/covid-cases.

統人員沮喪，應變策略備受巨大質疑？香港究竟敗在哪裏？

　　首先，控疫上，特區政府過去未有認真重視長者的高危情況，檢測不到位，疫苗接種率偏低，構成最弱的一環。長期抗疫需靠疫苗，但當時香港兩劑疫苗接種率只達七成半，遠低於內地、新加坡和韓國（八成多至九成），不是政府沒有努力，且的確存在疫苗猶豫，但疫苗效應信息不一，若缺乏切實的醫療指引及強力對策，任由長者徬徨不打針，尤其是居於院舍的高齡並有病患人士，則抗疫必然功虧一簣；故需強力提高接種率，惟要妥善處理醫學上不宜接種者，而不是讓一些長者和長期病患者不知所措。正如一些醫學專家指出：「2021 年，香港足足有九個月接種疫苗的黃金機會，然而當時疫苗猶豫及錯誤信息充斥社會，大量長者、長期病患者及其家人，出於對政府和疫苗的不信任，未選擇接種，最終導致超過 4,000 名老弱染疫死亡。」[1] 第五波到臨，保護傘不足，且低估劣勢，仍依循去年

1　龍振邦、薛達、袁國勇：〈滔天巨浪襲香港，釋疑接種現曙光〉，《明報》，觀點版，2022 年 3 月 17 日。

策略及操作流程，去應付短瞬間規模已比過去大以百倍計的「災難」，致人力和醫護系統陷於崩潰，病死率遠高於同期韓國、新加坡和新西蘭（最嚴重時分別達 9 倍、22 倍和 24 倍，見圖 11.1），這才是失敗所在。

相比之下，新加坡自 2021 年後期已向國民解釋，確診並非衡量疫情的好指標，重症及死亡率才是關鍵；韓國過去強調從嚴檢測、追蹤、治療（所謂 3T），但 2022 年 1 月已果斷改變抗疫戰略，重點針對高危、長者及重症，放棄做大量檢測追蹤。因此，香港第五波的主要問題不在於公務人員和醫護人員整體上執行不力、效率不濟，而在於頂層危機應對策略的錯置和缺失，儘管也存在前線疲勞、中層被動及跨部門溝通不足等情況。策略失焦，自然事倍功半。2022 年 3 月初，中央專家組組長梁萬年來港了解疫情後表示，應以「三減」（減少感染、重症、死亡）為優先，認為降低病死率對穩定社會、穩定民心非常重要，意見精準，也是抗疫常識，但為何經他說出來，特區政府才似如夢初醒？難道本地專家和醫管局之前未有提出類似意見？

第二，抗疫陷入兩極化政治。一邊歸咎政府控疫不嚴、躺平、對國家「清零」方針陽奉陰違；另一邊則指責政府但求政治正確，「動態清零」實為駝鳥政策。二元對立下，政府及醫護當局兩不討好，焦點含糊。「清零 vs 共存」被上綱為路線鬥爭，置於中西制度衝突的意識形態框架內大做文章。一些西方政客及媒體把共存標榜為自由、清零代表專制，刻意攻擊中國內地的清零政策，卻避談台灣（當時仍堅持）的清零目標。

第三，香港未有說好自己的抗疫故事。特區政府就新冠「危機論述」的貧乏，一直為人詬病。面對不斷變種的病毒，政府固然不可能有水晶球，但政府負有領導及指明燈的角色，總要有一定的解危路線圖，可是市民及業界往往無法從其表述中看到出路所在，外商感到無所適從，有時甚至信息前後不一貫。危機當前，政府重任是帶領民眾走出逆境，如何復常乃最大的政治。香港擁有享譽國際的醫療系統、世界級的專家和醫學研究，但在第五波下政府卻方寸大亂，甚至自我表示控疫已超出其能力，那怎能怪內地及國際上看扁香港？

除了政策部署缺失外，第五波的衝擊也同時暴露了醫療系統長期的一

些深層次問題，造成不少驚人亂象和慘事。[2] 曾任職醫管局高層的香港中文大學醫院行政總裁馮康醫生這樣描述當時失陷的情況（《信報》，3月15日），確是觸目驚心：

> 在新冠病毒第五波的衝擊下，香港淪陷了！最不忍卒睹，是從傳媒社媒看到許多公立醫院的景象：病人露天等候診治、急診室擠滿幾百病人、屍體停放在病人床邊。老朋友伊利沙伯醫院何曉輝醫生在發佈會上的哽咽，我和着他在心裏淌淚。這是制度的問題，應變的問題，還是領導的問題？三個問題之中，何者為先？何者為重？
>
> 淪陷之後，才知道原來我們一直以來引以為傲的全球最長預期壽命的數字，全是騙人的假象。數字背後，是無數隱沒在老人院極度高齡、身體極衰弱、長期病患纏身、失去自我照顧能力的長者。他們活在生命的邊緣，苟延殘喘，在極低的生存質量下，不堪一擊。幾十年發展下來的安老政策，缺乏更新，應付不了時代的變化，更遑論面對突如其來大型公共衛生危機的衝擊。
>
> 淪陷之後，更清楚看到我們一貫所謂的「雙軌」醫療制度，枉稱全球最有效率（根據 Bloomberg 的評估），其實也是個幻象。在「雙軌」醫療制度下，政府的公共衛生緊急應變策略，並不包括私營醫療。佔用一半醫療資源的私營體系，不在抗疫陣營內。最近情勢緊迫，公立醫院瀕臨崩潰，驚動國家領導人，才急急找私家醫院分擔非新冠病人。但對於要私家醫院分擔哪些病人，始終沒有策略上的考慮。
>
> 或許說，災難當前，先解決眼前問題，之後才考慮策略。當前問題，是公立醫院擠滿又是那批無數隱沒在老人院極度高齡、身體極度衰弱、長期病患纏身、失去自我照顧能力的病人。把他

2　如見：黃宇翔：〈見證香港醫療系統崩潰，染疫家庭生死迷幻漂流〉，《亞洲週刊》，2022 年 3 月 14 日至 3 月 29 日，頁 14–15。

們都送到私家醫院去吧！將來怎樣回收，就無從考慮了。私家醫院卻覺得自己的角色不應該是這樣的，最好能夠幫助公立醫院清理一些排期等做手術的病人。最後，誰主決策？

淪陷之後，制度、應變、領導長存的弱點全部凸顯出來。

第五波疫情出現的失陷現象，並非單因 Omicron 來勢洶洶，致亂了陣腳，也因制度所限，導致政策缺失時產生更大的盲點和更多的弱點。香港的醫療系統雖經上世紀八九十年代的大改革（包括 1990 年起成立醫管局、統一公共醫療體系、實行聯網管理、醫衞分家、分拆成立衞生署、提升公衞體系地位等），以及「沙士」後另一輪的整頓，但仍缺口處處，當中一個根本問題，是公私營醫療體系之間缺乏協調整合，以及所謂「雙軌」制度下的矛盾，即住院服務以公立醫院為承擔主體（八成入院者、近九成病床日次），但診所服務卻主要依賴私家醫生和診所（七成以上）；且因本地醫生培養落後於需要，而醫療專業的保護主義嚴重，過去排拒輸入外來醫生，導致醫生人手長期不足，醫管局容量吃緊。

屋漏偏逢連夜雨。在特區政府迎戰第五波疫情之際，竟發生被媒體形容為「洪門宴」或「派對門」事件，多名頂層官員（包括局長及部門首長）被發現曾於 1 月 3 日出席鋪張的私人生日派對，且有人未遵守防疫規定，使政府陷入嚴重的誠信與另類政治危機，行政長官林鄭月娥嚴詞批評，並進行內部調查，最終導致時任民政事務局局長徐英偉請辭。事件成為潛在政治風暴，多少反映市民對政府抗疫乏力的怨氣及對高層公權人士的不滿。[3]

抗疫須沉着應戰，佈置周密，讓市民對政府的抗疫策略安心，慎防出

---

[3]　事緣全國人民代表大會港區代表兼深圳市前海管理局香港事務首席聯絡官洪為民，在 2022 年 1 月 3 日於灣仔一家餐廳舉辦生日派對，二百多人出席，包括多位局長和部門首長級官員、立法會議員和政府機構人員。根據生日會現場照片可見主賓互動親密，但多人未戴口罩。有參與者在出席派對後確診，導致多人被送往竹篙灣檢疫中心接受防疫隔離。事件曝光後，在社會上引起極大爭議及激烈反彈，有稱之為「洪門宴」和「派對門」事件，甚至批評存在雙重標準及官場不正之風。食物及環境衞生署表示，已就此事向六名餐廳顧客發出定額罰款通知書，當中涉及違反使用「安心出行」流動應用程式掃描場所二維碼和佩戴口罩的規定，並向有關餐廳發出傳票。

現恐慌。第五波下，政府再注資 390 億港元予防疫抗疫基金，並於 2 月推出「臨時失業支援」，47 萬宗申請中最後共 35 萬人獲批 1 萬港元資助。中央政府也提供醫療物資，協助增強檢測能量及增建隔離設施。為了應急，政府從內地臨時特聘 762 名服務員，以協助照料院舍及隔離中心的年長或殘疾患者，紓緩本地人手短缺。3 月下旬，疫情開始稍為緩和，經中期檢討後，林鄭月娥宣佈 4 月 1 日起取消對 9 個「高風險」國家的航班禁制，4 月 19 日起學校恢復面授上課（除中學疫苗接種率達九成可全日面授外，均以半日面授）、4 月 21 日起公共設施包括運動場地重開，似為逐步走向回常鋪路，但仍缺乏一個清晰的路線圖。

　　除疫苗問題外，檢測和隔離也一直存在爭議。上章已述自 2021 年以來，香港實行在發現確診個案後對指明地點（樓宇、街道）全員即時強檢，以堵截病毒傳播鏈。Omicron 肆虐下，差不多各區都有確陽個案，仍靠毫無預警、隨時發生的小區圍封強檢做法，居民和在場市民曾需花數小時排隊候檢，圍封期曾由早期之 1 天延長多至 7 天，徒增擾民性及不確定性。但若如一些人主張在中央支援下進行全港強檢，便須做到便民為本：檢測快捷、避免群聚輪候、結果快知、後勤化驗能力充足、極短暫禁足，且做好隔離和治療安排，以免功虧一簣。第五波疫情最嚴重時，政府一度考慮進行全民強檢，但因種種具體執行問題而擱置，後來疫情有所改善，民情焦點轉移而不再提及。

　　第五波衝擊經濟至大，2022 年第一季度香港經濟急速惡化，按政府 5 月公佈，實際本地生產總值（GDP）較上年收縮 4.0%，扭轉了前四個季度的增長趨勢，經季節性調整後仍下降了 3.0%；出口總額實際下降 4.5%。8 月公佈，2022 年第二季度實際 GDP 按年下跌 1.3%（比前期估計下跌 1.4% 稍微改善），經季節性調整後由預期增長 0.9% 回升至 1.0%。

平衡風險、尋找突破

　　特區政府痛定思痛，加強對一些處所的疫苗要求（三劑為準），對長者及院舍的安全更不敢怠慢。2022 年初擴大第三劑接種，並按專家建議，

降低接種年齡，又縮短第二及第三劑之間的相隔時間。隨着公眾對疫苗的效用及安全性認知的提升，加上第五波疫情，社會上對疫苗接種也比前着緊，故疫苗覆蓋面大大改善，到 8 月底，3 歲及以上整體完成兩劑接種率達 90.5%，12 歲及以上整體三劑接種率達 72.2%，高風險及其他市民也接種第四劑。不過，80 歲以上的接種率仍只有約七成，六成尚未完成第三劑疫苗接種，而 12 歲以下的接種率仍較低，完成兩劑僅稍多於六成，6 個月至 3 歲幼童的接種率約一成。

　　由於安老院舍是重災區，政府遂於 3 月推行「院舍接種全覆蓋」，為院舍長者安排接種，至年中，第一劑接種率已逾九成，第二劑超過八成，第三劑則接近三成。政府又發動不同地區組織，在全港十八區舉辦多場地區外展接種活動，甚至走入企業為僱員提供接種；同時主動出擊，補漏拾遺，在 4 月展開「疫苗到戶接種服務」，為 70 歲或以上長者，以及因病患或殘疾而行動不便者上門接種。此外，派出外展隊或流動疫苗車到學校接種，又安排特殊學童前往醫院或接種中心，並加派人手照顧其情緒和身體需要。至 8 月初，安老院舍長者第三劑疫苗接種率已達四成半，目標在 9 月底前達到最少五成。

　　至 2022 年 6 月，感染確診病例明顯下降，低位時曾回復至三位數字，若以致死率看，香港已逐步走出第五波頂峰時期，但因 BA 系列亞毒株冒起，7 月起疫情再呈上升趨勢，重返千宗以上，初期徘徊於 2,000 至 3,000 例，後逐漸惡化；衛生防護中心於 7 月下旬起不再要求涉及 Omicron 新亞系（BA.2.12.1、BA.4 和 BA.5 等）的染疫或密切接觸者進入隔離或檢疫中心，容許合適者居家隔離或檢疫。每日公告大廈強檢數目介乎 40 至 70 幢。至 8 月底，日增感染曾見萬宗，7 天滾動平均數升至近 9,000 宗（單是 BA.5 已佔近半，超越第五波高峰期流行的 BA.2.2），80 歲或以上染疫死亡個案佔七成，住院佔四成半。衛生防護中心公佈 8 月 30 日起不再安排所有快測呈陽個案做核酸覆檢，改為抽樣核實。[4] 入院人數、危殆及嚴重個案均有

4　衛生防護中心自 2022 年 5 月起替快測陽性呈報個案抽查覆檢，發現陰性比率達兩至三成，其後於 6 月 7 日起，安排所有快測陽性呈報個案均須核酸檢測覆檢，陰性比率很快下跌，目前維持少於 1%。

上升趨勢，增添公共醫院壓力，醫管局需調整或暫停部分非緊急服務，轉介小部分病人至私營醫院。

有醫學專家表示，目前香港最少六成人曾染疫，不少人已接種疫苗，故即使確診個案上升，但相信重症及死亡數字仍會偏低。以鄰近新加坡為例，7 月時也曾一度反彈至單日新增確診至萬多宗，但當地疫苗接種率極高，而入院、重症及死亡者少。因此抗疫之關鍵仍在於接種疫苗，尤其是對高危及高暴露群組進行第四劑以強化抗疫力，並將輕症分流至社區隔離設施，以減少醫院負荷。7 月中香港大學四名醫學專家主張應在冬季來臨前達至最佳保護的「混合免疫」（即感染新冠和接種疫苗帶來的免疫），並提出放棄「圍封強檢」和學校每日快測。但政府始終擔心能否保護市民，特別是 80 歲以上仍有三成尚未接種疫苗，而半歲至 3 歲幼童至 8 月才安排可接種科興疫苗（政府仍在與藥廠商討洽購「幼童版」復必泰）；同時亦要考慮醫療系統的負擔。近日接連出現染疫兒童重症和死亡，成為新的風險群體，公院兒科病房爆滿。

國家主席習近平對 2022 年 7 月 1 日上任的新一屆特區政府提出的要求，包括處理好疫情，這既涉及醫衛，也關乎經濟民生。以目前民情及社會各界的要求去看，爭取與內地和海外回常通關、放寬社交和營業限制，已成主流共識。現在就看新政府如何平衡風險，做出突破。新政府上場後即宣佈由 7 月 8 日起暫緩航班熔斷機制，表示它造成的社會成本相當大及帶來不必要困擾；數據顯示，絕大多數輸入個案，皆能透過機場及指定酒店檢疫找出來，故航班熔斷機制的實質作用有限，反而嚴重妨礙客運服務的穩定性，而停止執行熔斷有利航運復常，亦方便市民返港，受到各界歡迎。

7 月底，政府調整及強化抗疫指揮架構，在新任行政長官李家超主持的抗疫督導委員會下，成立「應對疫情指導及協調組」（特首督導），下設醫務衛生局（醫衛局）局長任辦公室主任的「應對疫情指導及協調組辦公室」及由不同官員領導的十三個專責或專項組，冀有助釐清各防疫政策的主事人，有利問責及提升決策效率（見圖 11.2）。

圖 11.2　政府抗疫指揮新三層架構

抗疫督導委員會（行政長官〔特首〕、3 司 15 局）

應對疫情指導及協調組 *（特首監督）

負責工作：應對新冠疫情出現不時變化的情況，有效處理涉及跨政策局範疇的抗疫事宜，確保各政策局和政府部門能迅速應變

設 13 個專責 / 專項組

- **重大活動專項組**
  （政務司司長 / 副政務司司長）
  監督和計劃未來預期重大活動的相關防控措施

- **抗疫專責組**
  （醫務衛生局局長）
  制訂及推行抗疫防控措施

- **指定檢疫酒店專責組**
  （醫務衛生局局長）
  推行及監督指定檢疫酒店計劃

- **檢測專責組**
  （醫務衛生局局長）
  推行及監督病毒檢測服務及檢測行動

- **抗疫科技應用專責組**
  （創新科技及工業局局長）
  推行應用科技配合防疫抗疫措施

- **社區隔離設施專責組**
  （保安局局長）
  監督社區隔離設施的管理

- **抗疫運輸專責組**
  （運輸及物流局局長）
  推行及監督為抗疫而設的點對點交通服務

- **抗疫宣傳專責組**
  （新聞處處長）
  推行及監督抗疫宣傳計劃

- **疫苗接種專責組**
  （公務員事務局局長）
  制訂及推行提升疫苗接種率的措施，特別針對長者和兒童接種率

- **公務員動員專責組**
  （公務員事務局局長）
  計劃及動員公務員支援抗疫行動

- **內地聯絡專責組**
  （政制及內地事務局局長）
  與內地聯絡以達至聯防聯控

- **污水檢測專責組**
  （環境及生態局局長）
  推行及監督污水監測工作

- **安老院舍專責組**
  （勞工及福利局局長）
  計劃及推行有關保護安老院舍長者的措施

應對疫情指導及協調組辦公室
（醫務衛生局局長擔任主任）

負責工作：研究、建議和推動防疫抗疫方案及措施；就個別指定事項或範疇成立專責 / 專項組

* 由特首主持，常設成員包括政務司司長、副政務司司長及七局長（醫務衛生局、公務員事務局、環境及生態局、民政及青年事務局、創科及工業局、保安局、運輸及物流局）。其他主要官員會按政策或行動需要參與。

資料來源：政府新聞處
參考《明報》製圖

8月12日起，實施「3＋4」檢疫方案及「紅、黃碼」安排，由海外或台灣經機場抵港者由 7 天酒店檢疫，改為 3 天酒店檢疫加 4 天家居醫學監察（或一般酒店進行）。在機場接受核酸檢測後可入住檢疫酒店，第 2 天接受核酸檢測並呈陰性，可在第 3 天離開酒店。確診者給予「紅碼」，禁止離開隔離地點；非確診者獲「黃碼」，以管控在醫學監察期間的活動，可以外出但不能參與任何除去口罩的活動，若每日快測結果呈陰性，可以乘搭公共交通、上班、進入商店街市等，但不准進入須核查「疫苗通行證」的指定處所。[5] 家居醫學監察完畢無染疫者由「黃碼」轉為「藍碼」（可自由活動）。紅、黃、藍碼均在「安心出行」手機應用程式上展示。至於由內地或澳門非循「回港易」或「來港易」入境者，亦實行「3＋4」，惟毋須使用「黃碼」。

商界初步樂見此放寬方案，惟香港始終須走出目前相對高限的困局。以旅遊而言，鄰近各地競爭對手均已實施入境免檢疫隔離，包括新加坡、泰國、馬來西亞、韓國、日本（對「藍組」低風險地區）等，台灣與香港相若，實行 3 天居家檢疫加 4 天自主防疫。香港面對的政策挑戰（或兩難）是，若過快完全鬆綁，一旦輸入個案大增，將不利於與內地商討放寬對由香港入境者的檢疫規限；不過，「3＋4」安排對振興國際商務往來（如短期開會、視察業務等）和旅遊業的幫助有限。所以，在緊守防控疫底線之同時，新一屆政府仍需着力制訂有前景可望的通關復常路線圖，否則香港的國際聯繫和競爭力勢必大打折扣，削弱經濟復蘇的動力。

行政長官李家超表示，特區政府的整體防疫政策有五點：一、不躺平，要控制確診數字；二、以科學精準的方法識別不同風險級別人士以減低管控人數和管控範圍；三、平衡風險和經濟動力，在風險可控的情況下維護民生活動和香港的競爭力；四、要減重症減死亡，防止輕症變重症、重症變死亡；五、保護高風險人士，包括「一老一幼」和長期症患者。他

---

5   即食肆、酒吧、酒館、遊戲機中心、浴室、健身中心、遊樂場所、室內公眾娛樂場所、派對房間、美容院等。亦不能進入安老院、殘疾人士院舍、學校和指定醫務處所（上班、上學或求診者可進入，訪客顧客不能進入）。

強調，能否再進一步放寬檢疫規定，視乎疫情變化。看來不排除再調整檢疫期限，包括取消酒店隔離，惟需評估「3＋4」實行後對疫情之影響。此外，廣東省和深圳市支持特區政府提出從香港入境內地者在港「逆向隔離」的建議，但落實細節有待與粵深政府透過工作組商討，以符合內地在隔離方面的標準。

　　在國家的「動態清零」總體方針下，如何動態，關鍵在於因時制宜；怎樣精準，須建基於科學論證，並平衡利害及成本效益，而非訴諸簡化的一刀切。對香港來說，「外防輸入，內防擴散」原則上仍為重要，但能否優化檢測檢疫安排、堵塞程序和機制漏洞，從而有空間去逐步放寬入境而仍可維持外防之效，並同時提升內部防控能力，使縱有社區確陽病例仍可受控，不致釀成爆發，讓社會活動有序恢復，各業重獲生氣。

疫情的教訓與啟示

　　新冠疫情持續兩年多近三年，按第九、十章和本章分析，香港的情況可分三個階段，由早期成功堵截，到中段膠着，特區政府抗疫政策呈現徘徊，陷於各種壓力之中，面對醫療和經濟考量之間的矛盾日甚，至2022年初第五波時墮入近乎淪陷之境。政府之所以顯得患得患失，不單受制於新冠病毒的不可預測性及專家們的不同意見，更因2019年動亂後香港社會上瀰漫着對政府的嚴重不信任，動輒懷疑政府舉措背後有不可告人的政治企圖，事事抗拒（接受檢測、下載政府「安心出行」追蹤程式，以至早期接種疫苗）。不過，經歷「沙士」後，港人普遍對傳染病毒的風險意識較高，縱是不滿政府，但遵從法律和防疫規定的主動性仍較大，這可見諸佩戴口罩及對社交距離的重視，亦不若一些西方城市出現反對限制措施和反疫苗的大規模抗議行動。

　　有學者甚至認為香港早期有效抗疫，主要歸功於公民社會的質素，跟

新加坡主要靠政府主導推動，成強烈對比；[6] 也有認為，官僚和公民社會皆發揮了作用，但政府／政治失敗。[7] 這樣的論斷，有點偏頗，因為實際上香港特區政府就抗疫做了大量的工作（詳見第九、十章），包括與各行業各界別的聯繫協調、與內地和外國政府聯絡協商、訂立各種法例和規管措施、動員公營部門力量，以及透過成立防疫抗疫基金支援企業和就業、紓解民困等。其間或有缺失漏洞，但這在世界上所有公共行政體系中並非罕見，而且特區政府的補救和調整也算快速，香港並非已淪為一些具政治偏見的國際輿論所描述的「失敗政府」（failed state）。公民社會的自發自覺行為固然重要，但若政府班子不作為、公務人員包括醫管局和公衛系統缺乏本身的專業精神和總體效率，則香港不可能取得直至 2021 年底為止的較出色表現。當然，若政府與社會的關係較為和諧，若民眾對政府的信任度較高，則抗疫效果應可做得更好，使政府行事更具底氣，不致事倍功半。

回顧至今整個疫情，特區政府其中一個重要失着在於與民溝通方面，第九章也有提及。溝通不只是發放大量資訊和數據，更是一個爭取民意認同、把握民心的工程。特區政府的抗疫論述一直顯得頗為疲弱，未能一早向市民清楚闡述疫情的處境和嚴重程度、政府的全盤抗疫策略優次和行動方案、對市民和業者日常生活和營運的影響、面對的局限與不足，以及可能出現的後果和代價等，以協助社會置於一個較現實但仍進取的認知範疇，去理解和面對疫情，並透過溝通，與市民共歷思考籌謀，從而取得市民的廣泛認同。這方面新加坡和新西蘭做得比香港好。一個公眾信任度低的政府尤需做好溝通，就像打仗一樣要振奮軍心，知為何而戰，否則倦兵易敗。

6　如 K.M. Wan, L.K.K. Ho , N.W.M. Wong and A. Chiu, "Fighting COVID-19 in Hong Kong: the effects of community and social mobilization", *World Development*, Vol. 134, No. 2, October 2020, https://doi.org/10.1016/j.worlddev.2020.105055; S. Yuen, E. W. Cheng, N. H. K. Or, K. A. Grépin, K. W. Fu, K. C. Yung and R. P. H. Yue, "A tale of two city-states: A comparison of the state-led vs civil society-led responses to COVID-19 in Singapore and Hong Kong", *Global Public Health*, Vol. 16, Nos.8/9, 2021, pp. 1283-1303.

7　Wilson Wong, "When the state fails, bureaucrats and civil society step up: analysing policy capacity with political nexus triads in the policy responses of Hong Kong to COVID-19", *Journal of Asian Public Policy*, Vol. 15, No. 2, 2021, pp. 198-212.

　　抗疫政策的最新挑戰已擺在眼前：如何打好一場持久戰？如何既保生命也保生計？一個持久性的人流行病疫，帶來多方面進一步的危機，即是醫衛系統在檢測追蹤和治療容量上的負載能力，同時疫情疲勞也直接影響醫護前線和廣大公務人員，並波及各行各業及普羅民眾心理。要市民為抗疫接受一時之痛、短期不便，問題不大，但若不知要緊守多久，非常態變成生活之日常，亦即處處不便、事事不暢，且政府措施緊寬不定、時收時放，欠缺路線圖，則人們自會憂心如何過活；外資會問應否撤離香港，本地企業和商戶會問究竟是捱下去，還是因前景不明而乾脆結業。

　　及早精準評定風險、走出疫情陰霾、走出封閉，這樣香港才可重拾生機，好好發揮其「中介」和區域「總部經濟」功能，以及作為中外資金、企業、人才、物流和信息樞紐的作用。在全球地緣政治和美中新冷戰角力的大變局中，香港更不能心存安逸，忽視其國際定位和可起作用。因此，疫情要放諸更宏觀的戰略視野下應對。經濟上面對的威脅，已超越疫情因素，經濟不濟則民怨更甚，內外新變數交集會再發酵。香港正在跟時間競賽，而抗疫持久戰也折射特區的管治和危機處理能力。新拐點前，香港能否過關，此乃當前最大的存在主義挑戰。

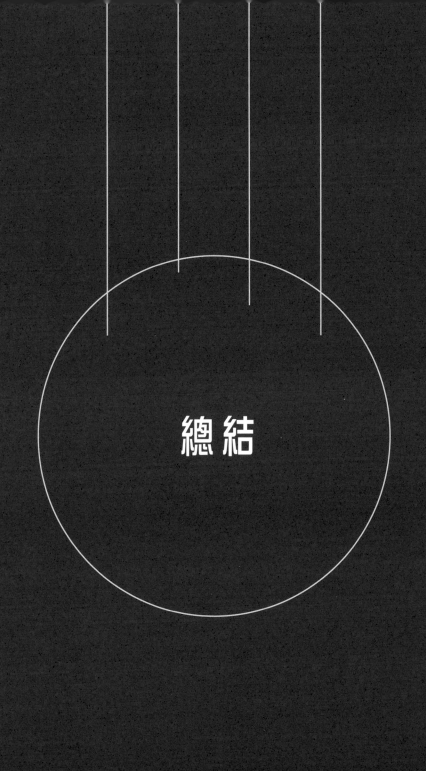

總結

第十二章
終極考驗與啟示

　　新冠大疫快近三年，影響與後遺之深遠，遠超當初專家、政府中人、營商者及普羅民眾所預期。概括而言，不同國家和地區——不論大小、民主或威權、信任度高或低、經濟水平發達或落後、相對富裕或貧困、抗疫表現優或劣——均曾經歷一個漫長而波折的保生命 vs 保生計的平衡過程。各國各地的疫情政治，來自對不同政策選項和抉擇的政治利益、意識形態以至文化價值上的爭議角力，如不少醫療專業主張遏制為上、營商業界看重生意和消費、勞工基層擔心就業萎縮、學校和家長關心學生子女的課業進展，而一般民眾既着重健康安全也求生活如常（出行、購物、餐飲、旅遊等）。訴求和利益交集下，形成在抗疫措施收緊與放寬之間的不斷徘徊和爭持。

　　本書成於 2022 年 8 月底，因大疫尚未真正停下來，所以未具備條件作出確切性的終論。雖然全球不少國家和地區已紛紛邁向「復常」安排，取消先前的社會限制、恢復免檢疫國際通關等，無論是抗疫政策取向還是社會心態，均實質上接受與病毒共存，但是客觀上新冠病毒仍然活躍、未被消滅，相信還會持續一段時間，Omicron 後再有 BA 譜系的變異亞毒株（BA.2、BA.2.12.1、BA.2.12.2、BA.4、BA.5 等），[1] 又出現所謂「長新冠」（Long COVID）[2]，總之威脅未去。目前處境頗為弔詭，帶出的關鍵問題是：究竟

1　據世衛組織 2022 年 7 月的數據，BA.5 已於全球範圍取代其他病毒株，遍及 83 個國家，涉 BA.5 的新冠個案已升至半數之上。

2　某些新冠病毒感染者可能會受到感染的長期影響，這稱為新冠後遺症（post-COVID conditions, PCC）或新冠長期症狀。人們用許多名稱（包括長新冠）來稱呼新冠後遺症。新冠後遺症可能持續數週、數月或數年。新冠重病患者更容易出現新冠後遺症，但任何感染新冠致病的人都可能出現新冠後遺症，甚至新冠輕度患者或無症狀者也會如此。與接種新冠疫苗並出現感染的人相比，未接種疫苗並被感染的人可能更容易患上新冠後遺症。

是繼續重視疫情，還是逐步淡化其風險而以漸風土化的季節性流感般視之？不同的研判和風險意識會得出不同的下一步策略應對取態和目標。以下歸納關乎抗疫成效的幾點主要觀察和當中啟示。

1. 新冠成為公共治理的壓力測試

至今為止，新冠病疫儼然成為不同國家及地區以至全球在公共決策和公共治理上的一次重大的壓力測試。曾以「歷史終結」論聞名的美國學者福山（Francis Fukuyama）[3]，早在 2020 年 4 月疫爆之初便就各國疫情率先指出，危機表現跟政權體制（regime type）沒有直接關係，民主政體中有表現出色者，但也有表現不濟者，專制政體之間同樣優劣不一。他把抗疫成效歸納為三大要素：政府能量、社會信任及領導力，說「一些具備三者的國家——即擁有能幹的國家機器、公民信任和聽從的政府，以及有效的領導者——皆表現突出，使其（因疫情）所蒙受的損失受限」。[4] 福山特別提到當時中國迅速控制和過止內地疫情，使其經濟得以復常，把不少民主政體特別是美國比下去。美國在特朗普治下抗疫之失效，令更多批判者反思所謂「缺陷的民主」（flawed democracy）或「失敗的民主」。

本書就中國內地、香港、台灣，其他東亞國家和地區，以及歐美亞非和大洋洲一些國家的防控疫策略與表現的討論（第二及第三部分），在在展示危機領導力和管治能量對治疫抗疫成敗的重要性。政府領導者須重視風險意識和危機管理，及早建立長期性的風險文化、危機應變機制及預警系統，使不致遇到危機便進退失據，甚至導致人為災難。像新冠般的「超級棘手問題」，認知和資訊往往有限，且疫情一直在變，專家們也難準確判斷，科學研判與政治考量時有爭持，最後政府須作艱難的決定，不能推遲或推卸責任，大抵上有擔當的政府抗疫表現較佳。

3　福山在 1990 年代前蘇聯及東歐共產主義國家瓦解時，以此論預言全球步向自由民主主義，其後承認過於武斷。

4　Francis Fukuyama, "The Pandemic and Political Order: It Takes a State", *Foreign Affairs*, July/August 2020, New York: Council on Foreign Relations.

民主政體宣稱有利於強化政府決策認受性，但也因近年全球民粹主義四起及社會政治日趨碎片化、偏激化而益發延誤或窒礙決策，而集權體制不受束縛，有利於果斷行事、動員各方力量，社會對政府信任度較高，固然讓政府作艱難之政策取捨時較具底氣。但政府的效能要看其領導力、判斷力和執行力，三者缺一不可；所以也會出現抗疫失敗的高信任社會。而疫情的變化更會直接影響政府的領導威信和政局的穩定。

2. 國際抗疫各自為政、欠缺合作

2020 年武漢爆疫，但國際缺乏互相理解和支持，一些國家的政客及黨派藉新冠挑起狹隘的民粹主義和仇視；抗疫國族主義大行其道，也可見於醫療物資和疫苗供應方面的保護主義行為。本來面對世紀大流行病疫，各國應少些互相推卸諉過、多些互助合作，但作為引領全球公共衛生和防治疾病工作的世衛組織，卻從一開始便落後於形勢，失去應有的國際領導力。例如：2020 年初反對封關；對醫護人員等高危人士以外普通民眾應否佩戴口罩防疫存疑，直至 4 月才改口；遲至 3 月 11 日才將新冠疫情定性為世界大流行，而當天歐洲 27 國全部「淪陷」。世衛組織的猶豫，既涉及本身專家及各地政府和專家之間意見並不一致，也因發達國家跟發展中和低發展國家的公衛醫療條件和社會經濟狀況大異，故它須小心翼翼去平衡各國之間的利益與矛盾，更因部分國家熱衷於大搞地緣政治，導致世衛平台高度政治化，[5] 最終削弱其協調各國的能量。

此外，世衛組織分析疫情有時候前後不一貫。2022 年 1 月 25 日其總幹事譚德塞還在說："It's dangerous to assume that Omicron will be the last variant or that we are in the endgame. On the contrary, globally, the conditions are ideal for more variants to emerge."（「假設 Omicron 將是最後一種變異株，或者疫情已

---

[5]　2020 年 5 月 18 日，時任美國總統特朗普在白宮接受記者採訪時說：「他們（世衛組織）就是中國的傀儡，說得好聽一點，他們就是以中國為中心。」（BBC News 中文，2020 年 5 月 19 日），https://www.bbc.com/zhongwen/trad/world-52719833。

進入尾聲，這是危險的。恰恰相反，從全球來看，出現更多變異株的條件極為理想。」）但至 9 月 14 日他卻充滿樂觀："We have never been in a better position to end the pandemic. We are not there yet, but the end is in sight."（「我們從未像現在這樣能夠更好地結束大流行。我們還沒有到達那裏，但終點就在眼前。」）儼然打倒昨天之我，無助於其公信力和權威性。

3. 抗疫成效標準不一，前期後期要求不同

應對傳染病疫，一般是針對源頭、防止傳播（減低 R 數值），並盡早研發疫苗和治療方法；藥物以外，也靠非藥物介入手段。2020 年時對新冠病毒所知較少，又因其無症狀、傳播快、變種多，故早期應對無可避免須較依賴非藥物介入措施，社交距離和封關封城遂成為抗疫關鍵詞。早期東亞防控疫出色，靠的是嚴厲過堵政策（全面篩檢、追蹤隔離、封區封城、限聚限業等），中國內地於 2020 年上半年以舉國之力扭轉疫情、果斷封城、遏阻傳播、迅速恢復生產，更成轉逆為順之罕例；後來歐美國家紛紛仿效，包括一些早期輕視冠毒威脅、視之為「亞洲病毒」者。治疫論英雄，成也新冠，敗也新冠，第三、四章已有詳述。

衡量抗疫成效，傳統上主要看感染確診率和致死率，也同時注意住院率和重症率，這些關鍵數字反映防控疫策略是否對頭、公衛及醫護系統的能量和質素，以至整體的公共治理水平。可是，若防控嚴厲、對內對外諸多管制，必然衝擊正常社會生活和經濟生產、人流物流，使顧此失彼，視乎在不同利益和訴求下怎樣平衡取捨；除非快速做到清零，也再無輸入風險，盡快解禁，否則影響深遠。各國各地面對同一冠毒，對策理應大同小異，但其危機定義、應對力度和覆蓋面卻見有別，皆因本國本地的體制條件及政經現實，令成效不一，短期和長期表現有異。抗疫表現的領先與滯後，除了主政者的心態和領導能力外，往往跟各國各地的管治體制、決策路徑、政治環境、風險意識和民情傾向等非醫學因素大有關係。

換了制度和政情民情時空，決策取向便不一樣，東亞的對策不一定同樣適用於歐美，就算在歐洲，英國跟歐陸各國，以至北歐諸國，抗疫意識

舉止也參差，「西方國家」之間優劣並見，難一概而論，本書第二部分已有所分析。一些國際新冠疫情表現評表（如「彭博新冠復元排名」、「日經亞洲新冠復蘇指數」），因引入對社會和經濟干擾的表現等非直接防控疫指標，因而得出與醫學表現不一致的排名結果，而且早期與近期的表現評估也不盡一貫（見第四章）。所以要問：究竟評估什麼、如何去做國際比較？

4. 疫情不斷在變，民情焦點也在變

　　病毒不斷變種，新冠科學仍在發展中，當政者身負重任，既須保生命又要保生計，平衡不同風險有時說易行難，若遇政治能量不足，更缺乏底氣去作出後果可大可小的抉擇。疫情近三年，一方面人們抗疫疲勞，另方面社會為抗疫已付出很大代價，人們在問是否仍然值得。時移勢易，當前疫情已有質變，由於曾受感染的人口比例已大增，加上 2021 年疫苗面世，疫苗接種覆蓋面日廣，客觀上已構成一定的社會面免疫屏障，縱使感染仍多，但重症及致死率在下降。自 2021 年後期起，原「強硬派」如新加坡、越南、新西蘭和澳洲，以及接着韓國和日本，都陸續鬆綁，重開國家，恢復通關，社會復常。台灣直至 2022 年初仍以清零為目標，但現宣稱採用防疫與經濟並行的新模式，實則走向共存、鬆綁。

　　民情政情焦點已轉移至經濟，尤其因 2022 年 2 月開始的俄國和烏克蘭戰爭造成全球能源、糧食、供應鏈及金融的嚴重危機，物價和利率急升，若仍維持封關封城及嚴厲限制營業和社會活動的舉措作為防控疫指定動作，勢必雪上加霜，經濟陷入大衰退。新西蘭是一顯例，隨着社會進入疫後心態，國民更關注物價上升和經濟壓力，阿德恩總理先前的個人抗疫光芒已失，執政工黨今非昔比，民望落後於反對黨。踏入 2022 年，多國大幅放寬或撤銷原有防控限制，為低迷的經濟重拾復蘇空間。當前危機要求醫學配合經濟復蘇，挑戰在於盡快鬆綁、社會復常，同樣考驗領導力。在未知中求可知、增確定，乃民心所向，政府不能漠視。

5. 以較小社會代價去爭取最大效益

疫情曠日持久，不能死守老黃曆，須與形勢俱進，及時調整策略和思維，否則昨天的成功可變成今天失敗之因（"victim of one's success"）。不少國家和地區曾有這樣的經驗，早如 2020 年 4 月新加坡的外勞宿舍疫情大爆發，以及台灣 2020 年封關控疫成功後過分鬆懈，導致 2021 年 5 月全島性擴散。歐洲一些發達國家初期陷入「群體免疫」迷思，不肯或不敢果斷遏制，也導致感染迅速四散蔓延，造成老弱受害、病死率高企、醫療系統瀕臨崩潰，付出沉重的社會代價。

初期控疫成功，不等於可長期把病毒遏止，因為病毒不斷跟人類進行博弈、不斷變種以回應和適應人類的措施，這是一場持續較勁的戰爭。踏入第三年，在 Omicron 及其亞系變種毒株如 BA.5 等攻擊下，首兩年曾抗疫出色的香港和台灣等地，以及新加坡、韓國、新西蘭、澳洲、日本等國，均見感染確診病例像火箭般急升，後雖漸次有所回落，但數字時或高企，疫情已有質變。現時各國各地的戰略重點，已轉移至疫苗接種，以及控制高危者感染、入院率、重症及死亡。香港的第五波疫情對其打擊尤其深刻，暴露了危機管理的盲點和缺失。2020 年 1 月武漢失陷教訓之後，中國內地一直抗疫嚴厲，封城圍區已成防控常態手段，其清零成效全球矚目，是仍堅持動態清零的極少數國家，嚴防疫情反彈擴散，但自 2022 年初以來亦面對 Omicron 及 BA.5 等新變種襲擊，多個省市疫情復起，有輕有重，而上海、深圳、北京、天津、成都等主要城市皆曾封城或實行收緊限制的措施。

一切都在說明：新冠變種改變着基於首兩年抗疫經驗的「遊戲規則」，Omicron 是分界點。麥健時國際顧問公司 2022 年 3 月曾分析，若再無新變種，新冠風土病化，也不等於不存在風險；但實情是新冠病毒仍有能力變

種下去，因為全球每一個感染者皆予病毒異變的新機會。[6] 由於其變種能力強、傳播性高，新冠病毒已揮之不去，此乃抗疫持久戰的前提。看來各國各地需對新冠疫情進一步掌握，若決策者能把握好正反經驗，務實地調整更新往後的抗疫策略，未嘗不可轉今天的困局為未來突破的起點，關鍵是如何吸取教訓，對危機加深以至重新認知。戰時狀態下一些非常態做法或許要常態化，如全面疫苗接種（包括定期接種加強劑）、高風險處所實施疫苗通，以及一些高風險行業人員進行定期檢測等，但在達致科學上認定的社區普遍免疫水平時，其他的非常態措施便應予放寬及有序撤銷，以助社會經濟活動復常，也就是以相對較小的社會代價去爭取最大的社會得益。

6. 新冠病毒最惡劣時期是否已過？

世界上的病毒學專家仍在不斷探究新冠病毒的遺傳、源起和演變過程，未達定論，故目前來說，以為 Omicron 高峰已過標誌大流行正逐漸走向式微，或言之尚早。然而我們可從歷史上的流行病疫吸取怎樣的經驗和教訓？[7] 人類曾經歷流感、瘧疾、愛滋病等襲擊，它們似已受控，得到治療，但仍纏擾人間。牛痘似已消滅，最新又出現猴痘。2003 年「沙士」曾肆虐多國，但為期只有六至九個月，而與之存在基因關聯的新冠病毒於2020 年只消兩三個月便迅速演化為繼二十世紀初西班牙流感威脅全球的大疫，至今近三年未止。

按 1996 年諾貝爾獎生理與醫學獎獲得者、免疫學家杜赫提（Peter Doherty）的分析，歷史上大流行病疫走向終結，不外乎二途：一是讓疫情

6　　S. Charumilind et. al. "When will the COVID-19 pandemic end?", March 2022 update, McKinsey & Company, March, New York, https://www.mckinsey.com/industries/healthcare-systems-and-services/our-insights/when-will-the-covid-19-pandemic-end.

7　　Sherryn Groch, "Speckled monsters and graverobbers: what can we learn from the killer plagues of history?", *Sydney Morning Herald,* 26 April 2020, https://www.smh.com.au/national/speckled-monsters-and-graverobbers-how-did-past-pandemics-end-and-how-does-this-one-compare-20200415-p54k31.html.

「燃盡」，即待人類透過大量病死或康復，使身體產生自然免疫能力；二是透過隔離檢疫及藥物的人為介入，以起防控之效，現代加上疫苗接種。不過新冠病毒未知之處仍多，傳播快、變種多，故不宜輕率依賴「就讓它爆發」以加速造成「群體免疫」，此乃早期部分歐洲國家所犯的戰略錯誤。

　　概念上，疫情長久勢令人體最終產生免疫力，但需持續多久，仍屬未知之數，而且當中需付多大的人類生命和社會代價，也不能忽視。以 1918 年西班牙流感為例，導致估計 2,500 萬至 5,000 萬人死亡（那時戰亂饑荒、營養不足及居住衛生環境惡劣等因素也推高了死亡率），比當時快近結束的第一次世界大戰（1914－1918）死亡數字（1,500 萬至 2,200 萬）還要高。西班牙流感延續約兩年便告「燃盡」，現在新冠病疫已大大超越了它，而儘管今天的醫學已遠遠優勝於百年前，但是新冠致死數字卻仍以百萬計（至 2022 年 8 月底為 649 萬）。免疫學和傳染病學專家現仍不能就新冠病毒的變種和往後威脅說得準，如澳洲墨爾本大學沃爾特伊麗莎醫學研究所（Walter and Eliza Hall Institute of Medical Research, University of Melbourne）傳染病學專家佩列格里尼（Marc Pellegrini）便曾說：「新冠病毒在書寫自己的歷史。」（"This pandemic is writing its own history"）[8]

7. 清零 vs 共存之爭是偽命題

　　以 Omicron 及其 BA 亞系毒株跟之前如 Delta 變種比較，殺傷力已見減弱。這點重要，因為我們不應再以 2020 年或 2021 年疫情高潮時的眼光去看待今後去向，既不宜一廂情願過早把新冠只視作一般流感，也總不能長期高壓處之，令「負界外效應」持續，使社會經濟內傷不止。「與病毒共存」之言，認為人類屬於主體、處於主動，可以有所選擇，被對立者批評為「躺平」及投降主義，實情是在大自然中病毒不斷變異去適應人類的應對，互相博弈；喜歡與否，我們已過了「消滅」病毒的階段，為何落得如此地步可予檢討，但已追不回原點。所以「共存」是客觀狀態而非主觀

8　同上註。

選擇。

怎樣「共存」以減低人類生命生活風險，才是往後抗疫策略重點。一些早期輕視新冠衝擊的國家，其疫情已翻不了盤，其他國家和地區也感難憑一己意志，獨善其身。因復蘇經濟心切及本國民情政情因素，在高疫苗覆蓋率下，絕大多數已接受「共存」的現實。不過，當中也存在仍有所介入（因應疫情惡化而實施限制，如新加坡、澳洲）和被動應對（全面放寬限制，如英國、丹麥、瑞典等）的不同態度。現時社會上往往把「清零」跟「與病毒並存」對立去看；一些西方主導的國際媒體輿論，基於過去抗疫表現大大遜色於中國，並因地緣政治作祟下的所謂制度比拼，把抗疫之道簡化二分為非此即彼的取捨，致產生不少偽命題和近乎 beating around the bush（拐彎抹角）的論爭。

實事求是地看，「清零」應動態地理解為控疫從嚴、切斷傳播鏈，而「與病毒並存」較準確的描述或應是「病毒與人類並存」，即病毒已經「落地」，因此無需把「清零」貶為駝鳥心態，也不應視「共存」為投降主義，作為意識形態和政治鬥爭上的二分兩極，世界也不應因此分割為二。説到底，各國各地治理疫情，無可避免須立足於自己的國情及社會經濟條件，也要經常檢視外圍國際形勢的變化及他國經驗。全球各地面臨的真命題是：怎樣在新冠病毒長存下，既致力切斷其變種的傳播鏈，不減低風險意識、不心態躺平，亦不迷信數字歸零、消滅冠毒，又能同時做好防範框架和各樣配套，使盡早復業復常？抗疫之戰切忌紙上談兵，一切應回歸實在情況，不存在絕對的是非對錯，但需吸取經驗教訓。

病毒變異，疫情反覆多變，人類社會不能只由病毒牽着走，面對已在風土化的新冠病毒及其變種，抗疫之戰必為持久戰，因而維護生命安全與保障經濟民生必須同時兼顧，兩條腿走路，做好平衡，讓人們能好好過日常生活。本書定稿時，歐美步向冬季，BA 系列的亞毒株活躍，儘管有醫學專家呼籲提高警惕，但相關國家仍維持「共存」政策不變，其人民很多已視作進入「疫後」時期，如常生活，不少人在公眾地方不再佩戴口罩，防範心理減弱。中國在重申「動態清零」政策的同時，逐漸調整入境檢疫安排，強調要精準抗疫、建基於科學、不搞一刀切，並要全國各地致力維

持經濟動力，抗疫不忘經濟。[9]

8. 香港如何動態清零與走向復常

　　回到香港，在此轉折關頭，須靈活貫徹國家的「動態清零」政策，致力不讓疫情失控，重點在於遏抑重症和致死率，但也須盡早推動內部活動復常，恢復與海外正常聯繫交往。香港經過第五波疫情洗禮，加上整體疫苗接種率達近九成，客觀上已形成一定的防護屏障，在合理承受能力下，可鬆綁入境的檢疫和防疫隔離限制。[10]「通關」儼然已成為測試新一屆政府尋求突破能力的重要指標，但在這問題上，特區政府的主導作用對內地和海外國家地區截然不同。

　　由於大多數海外國家均已進入正式或實質「與病毒共存」的回常政策，即縱使感染多仍撤銷種種限制、重開社會及國際往來，因此與海外通關主要是香港本身的問題，即如何評估在外防輸入方面可承擔的風險。就此香港應為盡早恢復與海外國家和地區免隔離檢疫通關創造有利條件，不應過分徘徊，不能守株待兔式等待，要採取主動及尋求中央支持，否則國際生意會流失、外資和人才會遷走、盛事賽事他移、旅遊民航等行業繼續低沉不起。香港欲維持其全球樞紐港和區域企業總部的地位，經歷 2019 年政治動亂及陷於當前國際地緣政治劣勢，本已是一場上險坡的硬仗，若再任由疫情迫向被動、長期自我封鎖、自削競爭力，昔日東方之珠的光芒恐怕一去難返。抗疫乃保護生命的生存之戰，通關復常何嘗不是保持香港城市活力的求存之戰？

　　人們常把香港跟新加坡比較，兩城目前處理疫情策略截然不同，新加坡全面開放復常，香港仍限制處處。香港防控措施仍嚴厲，醫護水平相若，且病床比例較高，可是看疫情主要指標（包括新冠致死率），近半年

9　　如書中前述，因 Omicron 潛伏期短，中國內地已於 6 月底把入境隔離限制減半，改行「7 + 3」（即 7 天指定處所隔離、3 天居家隔離），同時加密核酸檢測把關。

10　香港 8 月中旬已實行「3 + 4」方案（3 天酒店隔離、4 天居家醫學監察）。視乎疫情，存在進一步鬆綁的空間。

（即香港第五波高峰後）新加坡的疫情反而較香港輕，除了疫苗接種率不及新加坡外（長者尤甚），究竟香港的缺失在哪裏？若香港能做到新加坡般鬆綁，會否被視作「躺平」，還是可受肯定之例外？

至於與內地的通關問題，主導權在於內地當局。鑒於內地仍執行非常嚴厲的「動態清零」政策，內地當局如何評估香港的疫情及由香港輸入病毒的風險和影響程度（尤其是若香港進一步放寬對海外入境的檢疫限制），自然是關鍵因素。香港不能單看本身情況去影響國家政策，但作為特區，應爭取對香港及粵港澳大灣區的發展最為有利並顧及風險管理的安排。在國家發展大局下，香港主要面向國際，跟內地省市不一樣，故「一國兩制」下的港式動態清零，須結合疫情在全球的最新發展、香港的戰略定位及世界各地通關復常的趨勢，做好新形勢下的危機認知和管理，排除萬難去復常及再搞活經濟動力。過程中既須得到社會認同，更需中央從全國戰略利益上的理解。

當然現實上不存在毫無風險的通關（澳洲、新西蘭、新加坡等先例清楚說明），也不存在無風險的社會經濟生活復常，因此香港要問可承受多大的相對風險。若未來一年疫情仍然膠着，香港不可能僵化地避險，使原本燦爛之國際都會變得了無生氣。跟內地和海外復常通關同等重要，但因涉及不同條件，無須綑綁在一起，最壞的情景是兩大皆空，此非國家所樂見。作為負有重要國際聯繫任務的特區，香港對策上宜分開處理與內地和海外有序恢復免隔離通關事宜，無需必定先內地、後海外，又或是必須同步落實。先後問題應依從務實原則按具體條件解決，不囿於狹隘的政治表態。

後記

　　本書成於 2022 年 9 月初，書中講述各國各地疫情進展，以及引用的資料數據，基本上以 2022 年 8 月底作準。付印前，至 2022 年 10 月底，各國各地疫情變化不大，儘管 BA.4、BA.5 亞毒株之後再有新的變種如 XBB，但按專家觀察分析，新變種的殺傷程度比 Omicron 及早期 BA 系列亞毒株較輕，因此感染確診或有短期增幅，但重症和致死率保持在較低水平的穩定，可見諸病例死亡率（case fatality rate）（英美俄及巴西、南非等國波動稍大）；加上疫苗接種率持續提升，並已擴及兒童和 3 歲及以上的幼兒，連同先前的感染（個別國家達人口三分一甚至一半），客觀上形成社會上的免疫屏障效應，有助減低冠毒的危害性。

　　復常已成大勢所趨，大多數國家及地區的人民似視疫情已經過去，在公共場所及公共交通上均無須佩戴口罩。國際旅遊大致上回復無檢測免隔離，最新包括韓國和日本。韓國於 10 月 1 日起取消入境旅客 24 小時內 PCR 核酸檢測；日本於 10 月 11 日起免簽證，完成世衛組織認定三劑疫苗接種者入境時無須 PCR 核酸檢測陰性證明。按旅遊平台 Travel Off Path（www.traveloffpath.com）名單，至 2022 年 10 月 20 日，全球有 115 個國家取消各項限制，實施「5 無」，即入境前無須檢測、入境時或之後無須檢測、無國家因新冠疫情被禁入境、無須隔離，以及無疫苗規定。

　　因烏克蘭戰爭和俄羅斯與北約國家之間軍事對峙擴大，能源及糧食供應短缺，物價通脹急升，亦帶動利率升勢，使全球經濟陷入一片愁雲慘霧。國際貨幣基金組織 2022 年 10 月的《世界經濟展望》進一步下調對 2022 年和 2023 年的經濟增長預測水平，並指出各國經濟放緩甚至收縮。生活支出壓力及振興經濟已取代疫情，成為亞歐美澳各國的頭號施政重點，疫情威脅已被淡化。中國是全球第二強經濟體及生產和供應大國，其抗疫舉措除影響內部經濟生產活動外，也左右着全球供應態勢，按國家統計局

數字，2022 年第二季度內地 GDP 雖比上年同比增長 0.4%，但經季節調整後與上一季度對比（即環比）卻為 -2.6%（後調至 -2.7%），曾引起關注，不過第三季度好轉，同比和環比均為 3.9%。經濟學家們警示世界正陷入本世紀全球化以來罕見的供給側危機（supply-side crisis）。

目前內地仍實施世界上最為嚴謹的防控疫「動態清零」政策，入境（包括由香港入境）維持「7＋3」限制（見第五章），各省區市內凡發生確診案例皆進行封鎖強檢，以求社會面迅速受控，2022 年 10 月下旬有近 200 處實行大大小小的封區封城措施，影響以百萬計人口，儘管按國家衛健委公佈的全國確診和致死數字，與他國比較，實屬非常輕微，[1] 但中國幅員廣大，地域之間發展不均衡，醫療系統經受不起大規模感染造成之壓力。現時國策是尋求能維持經濟動力的平衡。國家主席及中共總書記習近平 10 月 16 日在中國共產黨第二十次全國代表大會上重申：「堅持人民至上、生命至上，堅持動態清零不動搖」；「開展抗擊疫情人民戰爭、總體戰、阻擊戰，最大限度保護了人民生命安全和身體健康，統籌疫情防控和經濟社會發展取得重大積極成果」。政策關鍵詞是：安全、經濟、動態。

香港跟從「動態清零」國策精神，強調「不躺平」、控疫有序、逐步鬆綁，並只會向前、不走回頭路。行政長官李家超領導的新政府繼 2022 年 8 月上任之初放寬入境檢疫限制至所謂「3＋4」（見第十一章），於 9 月 26 日再放寬至所謂「0＋3」，即入境後無須酒店隔離，但首 3 天要醫學監察，另首 7 日要隔日核酸檢測。[2] 相對於之前的 14 天酒店隔離及「3＋4」

1　　10 月 31 日，31 個省區直轄市新增無症狀感染者 2,331 例，其中境外輸入 110 例，本土 2,221 例（廣東佔 458 例，新疆佔 380 例）。

2　　詳細安排包括：從海外地區或台灣來港者，登機前再無須出示核酸檢測陰性結果報告，改為經網上的衛生署健康及檢疫資訊申報表，申報預定起飛時間前 24 小時內自行安排快速抗原測試所取得的陰性結果；撤銷香港居民須完成疫苗接種為登機來港的要求，12 歲或以上的非香港居民仍須完成疫苗接種或取得醫學豁免方可登機來港；於香港國際機場實施「檢測放行」，即入境者接受核酸檢測採樣後無須在機場等候結果，可乘搭公共交通或自行安排的交通工具返回居所或到自選酒店下榻；入境後無須接受強制檢疫，只需進行 3 天醫學監察，期間可自由活動但須遵守疫苗通行證「黃碼」限制，其後 4 天自行監察，合共 7 天觀察期；抵港後第 2、4 及 6 天（抵港當日為第 0 天）需要到社區檢測中心／檢測站或其他認可檢測機構進行核酸檢測，並在第 1 至 7 天期間每日進行快測。入境者若經核酸檢測或快測確診，其疫苗通行證轉為「紅碼」，隔離安排與本地確診個案劃一處理。

安排，的確鬆綁不少，但是跟現時大多數其他國家及地區取消所有入境限制比較，香港仍屬過緊，不利於商務和入境旅遊。台灣也於 10 月 13 日起把入境限制放寬至所謂「0 ＋ 7」免居家檢疫安排，入境人士只須採取 7 天自主防疫，期間若無症狀及持有兩日內快測陰性結果，可以外出、上班、上學；其「0 ＋ 7」比香港的「0 ＋ 3」更為寬鬆。

2022 年 10 月底，香港歷史悠久、屬最大旅遊集團之一的康泰旅行社宣佈清盤，顯示旅遊業前景並不樂觀。按入境處統計，比對「0 ＋ 3」實施前後一個月，機場入境旅客增 35% 至逾 22 萬人次，但出入境旅客均以港人為主，香港居民的入境人次由接近 11 萬增至逾 16 萬。香港各界尤其商界不斷呼籲政府放寬至「0 ＋ 0」，即取消所有入境後檢測及出行限制，以挽回香港昔日往來便捷的全球樞紐港地位，他們擔心外資及人才正遷移至鄰近區域都會尤其是新加坡。

香港當下處境有點兩頭不到岸：疫情數字及入境防控嚴謹程度不及內地，難以早日恢復與內地免檢免隔離通關，而入境限制卻較絕大多數其他國家嚴苛，不利於國際聯繫復常。以前面向內地和國際的「雙得」似變成「雙失」，2022 年第三季度 GDP 與去年同比下降 4.5%，但亞洲內競爭對手則均有增長（新加坡達 4.4%）。社會日益憂慮經濟前景，10 月 28 日證券市場下挫至 2009 年 4 月（即全球金融海嘯期間）以來的低位，陷入近年少見的存在危機。社會上要求特區政府展示清晰「復常」路線圖之聲，此起彼落。

疫變
透視新冠病毒下之危機管治

張炳良 著

責 任 編 輯
黎耀強

裝 幀 設 計
Sands Design Workshop

排　　版
陳美連

印　　務
劉漢舉

出　　版
中華書局（香港）有限公司
香港北角英皇道 499 號北角工業大廈 1 樓 B
電話：（852）2137 2338
傳真：（852）2713 8202
電子郵件：info@chunghwabook.com.hk
網址：http://www.chunghwabook.com.hk

發　　行
香港聯合書刊物流有限公司
香港新界荃灣德士古道 220-248 號
荃灣工業中心 16 樓
電話：（852）2150 2100
傳真：（852）2407 3062
電子郵件：info@suplogistics.com.hk

印　　刷
美雅印刷製本有限公司
香港觀塘榮業街 6 號海濱工業大廈 4 樓 A 室

版　　次
2022 年 11 月初版
©2022 中華書局（香港）有限公司

規　　格
16 開（230mm×170mm）

ISBN
978-988-8809-09-7